繁星之下的
艺术巡礼

VAN GOGH

AI梵高

扫码回溯时光

与我重温人生
看我如何繁星绘梦

Vincent

人物传记

用色彩绘就永恒

跟随声音，解锁被历史尘封的故事
倾听我灵魂深处的色彩狂想

艺术史赏析

颠覆传统的印象派

深入影片，看我借画笔绘就全新境界
重塑现代艺术的未来

画作共创

复刻同款美学风格

亲手挥毫，上传你的灵感画作
让我为你的作品融入印象派笔触

星空下的向日葵

梵高

许诺 著

河北出版传媒集团

河北美术出版社

·石家庄·

图书在版编目（ＣＩＰ）数据

梵高 ：星空下的向日葵 / 许诺著 . -- 石家庄 ：河北美术出版社，2024. 12. -- ISBN 978-7-5718-3277-3

Ⅰ．K835.635.72

中国国家版本馆 CIP 数据核字第 2024A2M122 号

梵高　星空下的向日葵
FANGAO XINGKONGXIA DE XIANGRIKUI

出 品 人：田　忠
策 　 划：田　忠　张　静
责任编辑：杨　硕
助理编辑：李非非
特约编辑：杜若婷　韩志刚
责任校对：李菁华
装帧设计：张　晴　章　越
出 　 版：河北出版传媒集团　河北美术出版社
发 　 行：河北美术出版社
地 　 址：河北省石家庄市和平西路新文里 8 号
网 　 址：www.hebms.com
制 　 版：河北万卷印刷有限公司
印 　 刷：河北万卷印刷有限公司
开 　 本：710mm×1000mm　1/16
印 　 张：14.25
字 　 数：220 千字
版 　 次：2024 年 12 月第 1 版
印 　 次：2024 年 12 月第 1 次印刷

定 　 价：98.00 元

质量服务承诺：如发现缺页、倒装等质量问题，可直接向本社调换。

追忆流火十年

——一场特意筹备的个人"画展"

当你开启这一页时，请做好充分准备，因为你即将走进的是一场特别为他而举办的"穿越"画展。

映入眼帘的是梵高为你开启的"永恒之门"，你会经历梵高在情感世界里的"哀伤"，看到吃土豆的一家人流露出的信仰，看到叛逆的"骷髅"叼着燃烟。

梵高是自己的播种者，他的一生都在辛勤耕耘。他亲手把自己的房子装点成黄色，布置了家里的每一件家具。

梵高笔下的向日葵带有他自己的性格，就连星月也随他旋转。在这永不停歇的旋转中，希望你不要目眩神迷。

梵高的艺术人生离不开他的大投资人弟弟提奥的支持，虽然梵高画过一些弟弟的肖像，但如今留存下来的作品并不多，还有待你的发现。提奥有了哥哥的扬名立万，自己也跟着名声大振，这也算是他一如既往坚定投资的丰厚回报吧。

在画展现场，有两个字千万不要说出口，这便是"高更"。这是一个十分敏感的咒语，一旦出现这两个字，工作人员会客气地把你从画展请出去。

想要一次性遍览梵高流火十年的"画展"，这是一项艰巨的挑战。但即便你有足够的心理准备，也抵挡不了那一个个震撼的瞬间，还是一切随缘吧。

最后，千万谨记！整个参观过程不要大声喧哗，因为一旦惊起群鸦，那可能预示着死亡……好在加歇医生一直关注着你。

注意事项都交代清楚了，请进展参观！

时间线
Timeline

一个女人的头部

吃土豆的人

黄昏风景

1882 · · · · · · · · · · 1884 · · · · · · · · · · 1885 · · · · · · · · · ·

织布工系列之一

散着头发的女子头像

唐吉老爹

播种者系列之一

梵高的椅子

1887

1888

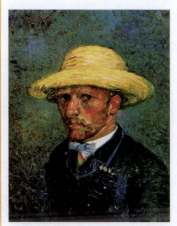

戴黄草帽的自画像（推测为提奥像）

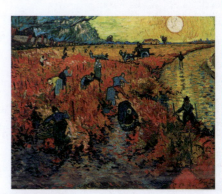

红色葡萄园

高更的椅子

黄房子

耳朵上扎绷带叼烟斗的自画像

1888 ·····················

1889 ·····················

梵高的卧室

向日葵系列之一

星夜

星空下的道路与柏树

盛开的杏花

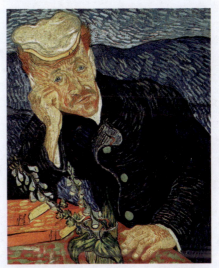

麦田上的群鸦

加歇医生像

目　录
CONTENTS

扫码了解
· AI 梵 高
· 人 物 传 记
· 艺 术 史 赏 析
· 画 作 共 创

弃"神"从画

第一章

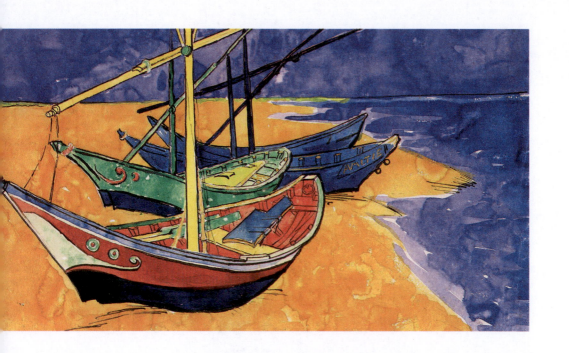

● 第 1 节　与 "神" 分手后拿起画笔

毋庸置疑，"梵高" 是一个享誉世界的名字。在梵高家族中，"文森特·威廉·梵高" 更是一个被寄予厚望的名字。

梵高出生前，他的母亲安娜曾生下过一个男婴，可惜那个男婴不幸夭折。而在一年后的同一天，梵高出生了，继承了那个男婴的名字，甚至连出生的登记号码都是那个男婴曾经用过的。一代天才画家梵高，就以这样的方式得到了这个足以闪耀后世画坛的名字。

在梵高的大家族中，除了众所周知的梵高，还有五位族人与他同名：梵高的祖父，一个画商伯伯，一个比梵高大一岁同月同日生的、夭折的哥哥，他弟弟提奥的儿子，他侄子的孙子，他们都有个共同的名字，叫文森特·梵高。

还不止这些，2015年4月13日，梵高侄子的孙子在参加"香港荷兰日"时，曾表示说，梵高家族现在还有三十多位成员，他们约定每年会聚一次，而后代中的每一个长子都会取名为"文森特·威廉·梵高"，这是整个家族的荣誉。

想要追溯梵高是怎么走上绘画道路的，就要从他的外祖父说起。

梵高的外祖父威廉所处的年代，正是荷兰刚刚摆脱变革动乱不久，当时政治稳定，"举国满足"，那时的荷兰民众狂热地追捧自己的荷兰语，这使人们对书籍和阅读产生了极大的兴趣。从大城市到小村庄，人们对于一切印有文字的东西都热爱不已，整个国家的民众都沉浸在一个阅读的狂潮中。不只是文字、文学，其他艺术形式在这一时期也得到了平稳发展。

梵高的外祖父家一直遭受癫痫等精神疾病的困扰。梵高的外祖父威廉在五十三岁时，因某种精神疾病离世。威廉有九个儿女，老二克拉拉患有癫痫，老三安娜——梵高的母亲受家族种种不确定性因素的影响，在成长的过程中，形成了一种对未来充满恐惧的人生观。

安娜为了平息脑中阴郁的想法，只能想尽办法让自己忙碌起来，转移注意力。她在很小的时候就学会了编织各种东西，闲暇时也会弹钢琴、阅读。后来，她跟妹妹科妮莉亚还一起学过水彩画。

安娜一有机会就会把自己这套转移注意力、排解阴郁的方法传授给自己的孩子们，梵高自然是这群孩子当中运用这一方法最娴熟的佼佼者。

安娜姐妹俩绘画的爱好得到过家族中一个古怪的伯伯的鼓励，他一度以画家自称。姐妹俩还受到过一个名声显赫的艺术家庭——巴库曾一家的鼓励和教导。

巴库曾家的父亲亨德里克是一个受人敬仰的风景画家，他的学生在荷兰发动了一场纯荷兰的新兴艺术运动，在这场运动中形成了"海牙画派"。

安娜在巴库曾家学画的三十五年后，这场新兴艺术运动成就了梵高一生的绘画事业。梵高就在这样的国家大环境和家族小环境中成长起来。

十三岁上中学时，梵高接触到当时一个在巴黎很著名的画家康斯坦丁·于斯曼，这位画家是梵高学校的美术老师，在绘画上追求印象派的风格。但那时的梵高对死板的教学理念很厌恶，甚至连带着也讨厌起这所学校来。在学校读了不到两年时间，梵高实在熬不下去，选择了辍学。

二十岁那年，梵高在一家书店找到一份工作，但他干得并不开心，在无聊的工作时间，他就随心所欲地乱涂乱画，或者把《圣经》翻译成德文、法文等。连他自己也没想到，译着译着，他居然狂热地爱上了宗教。

虽然梵高能和"神"说上话了，并疯狂地爱上了"神"，但是"神"并没有告诉他神学资格考试的内容和答案。因此，他在大学神学系考试中落榜了，在几个月后的第二次尝试中，他又一次落榜。经过几次曲折周转，梵高最终在博里纳日找到了一份传教士的工作。

工作稳定了，梵高便将自己对宗教的一腔热情尽数施展了出来。但他的做法和一般传教士并不一样，他看到有人无家可归，就把自己的房子腾出来让他们住，自己则睡在稻草堆上；他看到有人缺衣少吃，就把自己的钱拿出来，买好食物送给那些需要的人。可能因为有一位当牧师的父亲和一位虔诚的母亲，梵高受到了至深的熏陶，有一颗怜悯之心。

梵高做了很多类似的慈善公益事，感觉自己帮了很多人，很多人也因他而暂时地改善了生活。但他的这些行为并没有得到教会的认可，教会认为梵高这种睡稻草堆、吃糠喝稀的行为丢尽了传教士的脸，因此愤怒的教会人员把梵高解雇了。被教会解雇之后，梵高感觉非常无助失落，徒步走了七十五千米，才回到了布鲁塞尔——他父母身边。

七十五千米是个什么概念呢，它相当于梵高在标准的四百米操场上走了一百八十七圈半；或者说，梵高几乎相当于走了两个马拉松的距离。按人走路的平均速度——每小时五千米来算，梵高得走十五个小时，而且是从白天一直走到晚上。这么长的时间里，梵高可能把自己的多半辈子都想了个遍吧，毕竟他这一生也就短短三十七年。

有时候关于人生的深刻问题，想得越多，就越容易自我怀疑、自我否定，越容易出现精神问题。频繁换工作，屡屡受挫，让梵高的精神有些恍惚。梵高的父亲总感觉自己儿子的精神有问题，他甚至想过把儿子送到精神病院。

1880 年 8 月，梵高离开父母，到了一个叫奎斯姆斯的地方。这个地方梵高之前来过，故地重游，熟门熟路，应该多少能给梵高一些心灵上的慰藉。他住在一个矿工家里，因为有了这段经历，让他对矿工这类底层人民的朴实生活产生了浓厚兴趣。

梵高和弟弟提奥一直感情很好，住在矿工家里的时候，提奥给梵高出了一个主意，让他用画笔记录下矿工的日常生活。这个主意点醒了梵高，也点燃了梵高的创作热情，梵高的艺术之路从此开启。

梵高的弟弟提奥只比梵高小四岁，哥儿俩从小就很要好。虽然梵高一家人丁兴旺，加上梵高，一共六个孩子，儿子闺女各三个，但是提奥唯独跟梵高这个大哥最亲近。在提奥的眼中，梵高勇敢、无所不能，是自己崇拜的偶像。直到长大成人，提奥也一直认为哥哥梵高最了不起。

而后，提奥又给梵高推荐了一名出色的绘画老师——威廉·勒洛夫斯，这位是致力荷兰绘画复兴事业的前辈。梵高不喜欢正儿八经地学习绘画理论和技法，但还是听从勒洛夫斯老师的建议，正式注册成为美术学院的一名学生，硬着头皮学了一些解剖学和透视的知识，这对他的绘画大有裨益。

1881年4月，梵高回到埃顿，与父母一同居住。这一时期，梵高跟着姐夫安东·毛威学习画画，但很快，梵高就发现了自己和姐夫的分歧。

两人的矛盾爆发于一次素描之后。那时，梵高对着一只石膏脚连画了七幅素描，毛威姐夫看到后，对梵高的作品大加指责，质问他为什么就不能照着模型的原样画，为什么不能明确地画好一条线条，为什么不能认真地照原物画一次。而毛威的这些质问，让梵高感到极度诧异，他没想到，毛威的想法简直跟美术学校老师的教学逻辑一模一样。

梵高从来都不想把自己宝贵的时间和精力浪费在没有生命的物体上，他觉得它们不值得他的付出。他从来没有喜欢过学院派的绘画技巧，在他看来，如果他短暂的一生都在追求和附庸这种画法，不用动脑筋，也不运用感情，也许他的一生会被消磨得更加短暂。

梵高所想的和当时的人都不太一样，他想接触一切与生命有关的人或事物，他想点燃它们，同时也想被它们点燃。与毛威的观点不一致，让梵高更加坚定了自己的看法，他要创作的是能呈现自己气质与个性的作品，而不是用冷漠无情、呆板固化、原封不动的方式，完美准确地复制出相同的人和事物。别人画的是人和事物，他画的是生命、激情、热烈与燃烧。

毛威在看过梵高尝试的水彩画后，就愤怒地将其全部撕成了废纸。他认为梵高是受了画商和不懂艺术的人影响。于是，他让梵高坚持自己的特色，教导他要让喜欢自己作品的人主动找上门来。

虽然姐夫的很多观点梵高并不认同，但是他说的这些话，梵高还是听进去了。因为事实的确如此，艺术可以为市场和大众服务，但如果只是一味地迎合他人，失去了对艺术的追求，长此以往，可能连画家本人都会厌恶自己的所作所为。

为了能在绘画上有更高的造诣，梵高选择了从美术学院退学，离开家乡到巴黎去自行学习和创作。自此，梵高的画家之路正式开启。

他带着夭折哥哥的名字来到人世，
在这之前，
有五位族人用过这个名字。

从他开始，
这个名字，
不再寂寂无名。

他看到漫天的信仰飘飘荡荡，
他看到虔诚的穷苦人独自疗伤，
他不想像继承名字一样，
继承家人固有的传统思想。

天南海北四处闯荡后，
他找到属于自己的精神食粮。
但人生路漫漫，
痛苦才刚刚登场。
……

见此图标微信扫码 对话AI梵高 重温他的艺术人生

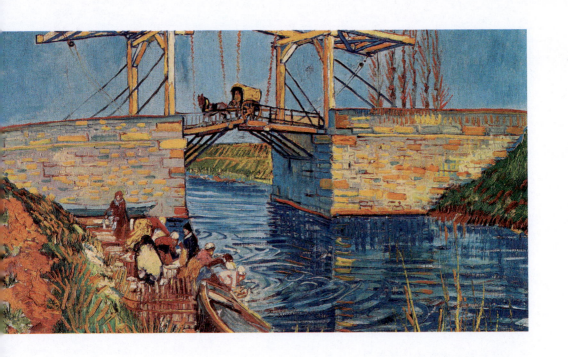

● 第 2 节　令人《哀伤》的感情

　　梵高来到海牙已经是第二个年头，二十九岁的他跟着姐夫安东·毛威学习画画、进行创作也有了一段时间，姐夫教给梵高画各种水彩画的知识。

　　生活穷困潦倒，梵高连基本的温饱都没有解决，大部分时间都填不饱肚子，感冒、发烧、头晕就成了"家常便饭"，不规律的饮食让他的胃病越来越严重。即便穷得叮当响，梵高还是会时不时到附近的酒店喝上几杯杜松子酒。说是酒店，其实就是工人等一些底层人常来光顾的小店。

梵高在一个小酒馆里结识了一个女人茜恩，她有五个孩子，肚子里还怀着一个，这些孩子的父亲们都不知去向。为了养活这一家，几乎所有最底层的工作她都干过，但生活依旧十分艰难。

梵高这幅简单的素描，刻画出一个对生活毫无奢求的茜恩：她的眼神漠然，并不出众的外表和素朴的装束让她看起来更显沧桑、憔悴。从茜恩的神态中能感受到她经历了太多磨难，她的所有精力都放在如何维持这个家上。

▼
梵高 一个女人的头部
素描 47.6cm×26.3cm 1882—1883 现藏于荷兰阿姆斯特丹梵高美术馆

纽恩南 & 安特卫普：
从专注到成熟

第二章

扫码了解

·AI 梵高
·人物传记
·艺术史赏析
·画作共创

第 1 节　画劳动者也是一种劳动

在纽恩南时期，梵高受到"荷兰画派"代表人物伦勃朗等的影响，他的精神导师米勒也"教"给他：画面用色要深沉而厚重，要带有浓厚的乡土气息。

梵高一直对劳动者怀有强烈的崇敬之情，在他看来，劳动是一切美的源泉。梵高热爱劳动者，热爱农民这个职业，他也曾自称为"农民画家"。梵高的劳动工具是一支画笔，他致敬劳动者的方式就是饱含深情地画下他们劳动时的样貌。

而他用画笔描绘劳动者，同样是一种劳动。

梵高曾在信中提到这幅画：

> 织布工的境遇十分可怜，他们沉默不语，我从来没听到过他们任何反叛的言论。但他们看上去闷闷不乐的样子，就像拉车的老马或用轮船运到英国的那些绵羊，总是一副愁眉苦脸的表情。

织布工在工作的时候，看起来就像一台机器。虽然他们面无表情，不带任何情绪，但是他们为生活而打拼的样子充满力量，他们的每一个动作都异常坚定。

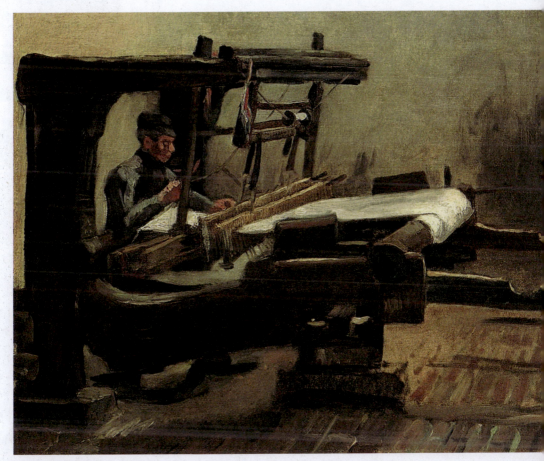

▶ 梵高 织布工的右侧
　布面油画 37cm×45cm 1884 私人收藏

在这幅作品中，织布机和纺车是主角，它们几乎占据了整个画面。虽然织布工正坐在织机前忙着自己手中的工作，但是显然他被梵高安排在了画面一侧，让出了中心位置。

织机处在前视或侧视的角度上，它自身复杂而精细的结构被很好地展现出来。

这位织布工脸上依然没有什么表情，既然不是主角和焦点了，索性就表现得再麻木一些吧。画面正中，刚刚织好的红布占据着绝对的焦点，这是织布工辛苦劳动的成果。这一抹红，给整个画面阴沉的氛围带来了一丝生机和活力。

地面上倾斜的砖拼凑出的图案，让画面的前景部分摆脱了单调和乏味。梵高在构图时，有意让织机挡住墙角，这会让画面显得充实饱满。

▶ 梵高 织布工
布面油画 61cm×85cm 1884 现藏于美国波士顿美术博物馆

梵高　种土豆的农夫 ◀
布面油画　66cm×149cm　1884　现藏于荷兰库勒－慕勒博物馆

　　在这幅作品中，梵高展示出农民在田地里种土豆的忙碌景象。他用更宽的横幅来表现大地的辽阔，也为了装下更多的劳动者。近景中有四位农夫，最左侧的俯身撒土豆种，画面右侧的三位挥着铁锹挖土。

　　不管是近景还是远景，农夫们都专注地盯着自己手中的活计，都忙活着自己的事，根本没有时间关心是谁在给自己画像。

梵高　耕地的农妇 ◄
布面油画　70.5cm×170cm　1884　现藏于德国冯德海特博物馆

　　为了把一头牛和一把犁车放进画里，梵高不得不把画布拉长到170厘米。犁车上的农民左手扶车，右手扬鞭，踩在犁上好稳定犁耙的深度。农妇在犁车后面弯着腰、弓着背、播着种。

　　远处的地平线，一线金黄色的光预示着劳作带来的希望。

梵高在田间地头写生时，常常会碰到一些有趣的事情。他在给提奥的信中写道：

　　我在画荒地上的小房子，这是一幢只用草皮和棍子盖成的小房子。正当我提笔画时，两头绵羊和一头山羊爬到屋顶上吃草。山羊向烟囱里探头张望。一位妇女大概听到屋顶上有动静，于是跑出屋来，向屋顶扔扫帚驱赶山羊。

　　当农妇把捣乱的绵羊和山羊赶走后，终于能安心地干自己的农活，她拿了一把铁锹在草屋前挖着。梵高将这平静的一幕用画笔记录了下来，淡淡的炊烟让整幅作品有了家的味道。

▶ 梵高 挖地农妇和草屋
布面油画 31.3cm×42cm 1884
现藏于美国芝加哥艺术协会

● 第2节　这家人的土豆有股子宗教味儿

　　1883 年底，梵高来到父母在纽恩南的新家。1885 年，在经历了父亲的去世后，梵高创作出了著名的作品《吃土豆的人》。这个时期，梵高受到"荷兰画派"伦勃朗和法国画家米勒的影响，画面厚实、有力、深沉，具有浓厚的乡土气息。

　　梵高在创作这幅作品时，给自己定了一个很高、很匪夷所思的标准：

　　　　如果农民的画，能让人闻到培根味儿、烟味儿、蒸土豆的味儿，那才

绝妙，绝非诟病。闻得到粪味儿的马厩才算真正的马厩嘛。如果田地里弥
漫着成熟的麦子或土豆的味道，或是鸟粪和肥料的味儿，只能说明这是真
实的……描绘农民的画就不应该有优雅的香气。

梵高一共画过三个版本的《吃土豆的人》，这三个版本区别比较明显，从中
能感受出梵高是怎样一步步登上巅峰的。

在第一个版本中，梵高用自由的笔法草画了一个农民家庭真实的生活场景。
这个版本的作品中一共有四个人，每个人都专注于自己的事情。

▶ 梵高 四个吃饭的农民（《吃土豆的人》 第一版）
布面油画 33.6cm×44.5cm 1885 现藏于荷兰阿姆斯特丹梵高美术馆

在第二个版本中，画面里变成五个人，人物的面部表情比第一版更加清晰可见，也更丰富。光线也被处理得更加明亮，让画面更有生活气息。

梵高的一个朋友安东尼·范·拉帕德批评过这幅画，梵高因此备受打击。梵高反驳这位朋友说："您无权以您自己的眼光来谴责我的作品。"后来，他又沮丧懊恼地说："我总是做不好我该做的事情。"从这些话中能看出，梵高对这幅是多么重视，他更希望自己的作品能够得到别人的认可。

在完成《吃土豆的人》两年后，梵高在给自己姐姐威廉米娜的信中说："我认为我自己最好的作品就是在纽恩南画的那张《吃土豆的人》。"

对于自己这么满意的一件作品，梵高把装裱它的画框都设想好了：

> 说到《吃土豆的人》，我确信如果镶上金色的画框，看起来一定会很棒。不过就算是挂在墙上，用成熟的小麦色纸裱上，看起来也会很不错。

▶ 梵高 吃土豆的人（第二版）
布面油画　72cm×93cm　1885
现藏于荷兰库勒－慕勒博物馆

第三版是《吃土豆的人》的最终版，梵高在画上签上了自己的名字。最终版上有一处小细节很值得玩味——第二个版本中，最右侧的女人端着的咖啡壶是侧向的，也就是朝向女人身位的正前方，她在倒咖啡时是平行于画布的。而在最终版上，最右侧女人端的咖啡壶是朝向观赏者的，这也就营造出了一种空间的纵深感。如果再对比看第一个版本，你会发现最右侧的女人手里连咖啡壶都没拿。

最终版的画面构图简洁而有力。梵高用粗糙、遒劲的笔触，刻画出了人物纯朴自然的形象。背景设色稀薄而素淡，恰好突出了前景人物的形象特征。

梵高亲自解读过这幅画：

《吃土豆的人》这幅画很暗，比如说，白色部分基本上没有用白色颜料，而只是简单用了红蓝黄混合的中和色。这里用的是朱红、巴黎蓝和拿波里黄。混合的颜色呈现相当深沉的暗灰色，不过在画里恰巧呈现出白色的效果。

梵高 吃土豆的人（第三版）
布面油画 81.5cm×114.5cm 1885
现藏于荷兰阿姆斯特丹梵高美术馆

梵高知道米勒、杜比尼和柯罗等人即使不用白色颜料，也能画出洁白的雪和雪景。可以见得，你眼中看到的白色，未必是真的白色，而颜色的本质很有可能是来自你自己的感受，即它看上去让你感觉那就是白色。

除此之外，你可能会想，就这样一幅画，色调暗，人物长得这么丑，题材又是这么来自底层，这么普通，就是农民日常吃饭的场景而已，并且整幅画就好像是打了一遍绿色的肥皂。

先看看梵高自己是怎么说的：

> 从我的角度来讲，我觉得长远看来，描绘他们的粗犷比那些传统的精细作品更有价值。

> 在我眼里，一个农村女孩比一个淑女更漂亮，她打着补丁的蓝色脏外套和袖子，被阳光、风和天气赋予了最精美的阴影。

从梵高的话中，能得到这样一个信息：欣赏他的作品，不能仅从表面的、直观的画面进行解读。他画出一个人物，那不只是一个人物；他画一件静物，那不只是一件静物；甚至他用一种色彩，那也不单单是一种色彩而已。也可以这样理解：梵高所画的任何东西，都是他想要表达的东西的一个载体。我们要尝试感受他所画人物的情绪、情感、内心想法以及人物身上所代表的东西。

下面再从其他角度分析一个五个人吃土豆大餐的这张画到底好在哪儿，以及为什么这幅画会有一种宗教的味道。《吃土豆的人》这幅画的灵感来自19世纪比利时现实主义美术的代表画家查尔斯·德·格鲁的《晚餐前的祷告》，梵高很喜欢这幅画。

这幅画从表面上看其实有点儿复杂，有的人在祷告，有的人吊儿郎当，有的人昏昏欲睡，有的人生无可恋地看着镜头……如果不看这幅画的名字，真想不出这帮人是在做晚餐前的祷告。实际上，这幅画被看作与达·芬奇《最后的晚餐》有着相似宗教内涵的作品。

▶ 查尔斯·德·格鲁 晚餐前的祷告
布面油画 80cm×154cm 1861 现藏于比利时皇家美术博物馆

▶ 达·芬奇 最后的晚餐
非传统壁画，蛋彩画与油画结合　420cm×910cm　15世纪末　现藏于意大利米兰圣玛利亚德尔格契修道院（圣玛利亚感恩教堂）

　　《最后的晚餐》中一群人围在桌前，各怀鬼胎，表情动作迥异，有着强烈的宗教暗示意味。貌似聊得有点远，但这三幅画确有千丝万缕的联系。《晚餐前的祷告》与《最后的晚餐》有类似的宗教暗示，而《吃土豆的人》与《晚餐前的祷告》有类似的宗教暗示，由这两个"类似等式"可得，《吃土豆的人》与《最后的晚餐》相类似，并且桌前五个人的表情都十分微妙，给人更多想象和联想的空间。

　　另外，很明显地能看出来，《吃土豆的人》这部作品，在画法上笔触十分洒脱，与写实派的风格迥然不同。这部作品先锋性的风格、立体感的表现，以及对当时主流画法的大胆突破，对当时的美术界都是一次冲击。

见此图标曎微信扫码 对话AI梵高 重温他的艺术人生

巴黎:
从黯淡到色彩绚烂
第三章

扫码了解

· AI 梵高
· 人物传记
· 艺术史赏析
· 画作共创

● 第 1 节 从"披头散发"开始转变

1885 年 9 月，梵高在纽恩南时被人指控，因为他让一个当模特儿的农村姑娘怀孕了。因此，那个村子的天主教神父发布了一个严厉的通告，禁止村子里的其他姑娘私自给梵高当模特儿。

这样一来，名声被搞臭的梵高在纽恩南自然是待不下去了。

1886 年 2 月，梵高在给提奥的信中说：

自从去年（1885 年）5 月以来，我能记起来的吃到热饭菜的次数只有六七次。

可以说，在这半年多的时间里，梵高吃的基本都是残羹冷饭。这种长期的营养不良对身体的消耗，使他整个人很快就垮了。由于缺钙，他的牙齿松动得快要从嘴里掉出来了。即便这样，他也没有停止酗酒，大量酒精继续消耗着他的身体，也麻痹着他的神经，让他的神志和精神都有些不太正常，整个人飘飘忽忽。

▶ 书信原稿（部分）

▶ 梵高　散着头发的女子头像
　布面油画　35.2cm×24.4cm　1885　现藏于荷兰阿姆斯特丹梵高美术馆

梵高画这幅《散着头发的女子头像》时，身在安特卫普。他刚到这里的时候，身无分文，再加上感情屡遭打击，对爱情已不再抱任何幻想。所谓"画如其人"，看到这样一幅画，就能想象出梵高当时的精神状态和心境。

"披头散发"指的就是这幅画中人物的形象。在画这幅画的时候，梵高已经经历了几段失败的感情，每一次失恋，他的心就像被刀狠狠地划了一道口子。心上的伤痕多了，他心里那点儿对爱的热乎劲儿也就凉得差不多了。这就要说到"披头散发"另外一层意思了，指的是梵高当时心乱如麻、浑浑噩噩的精神状态。

与其他作品相比，在这幅画中，梵高罕见地用了较精细的笔法来刻画女人的五官和衣服。梵高使用少有的、偏现实的画法，不是为了把这个女人画得更美丽动人，而是将其画得更肤浅、更没有感情。这个女人没有感情，梵高却带着自己很强烈的情绪，有很多自己要吐的槽。明眼人都能看出，如果把这个女人放进人堆，肯定没有任何回头率可言，因为她再普通不过。

具体到这幅画的表达上，还是能明显感觉到梵高在绘画技巧和色彩运用上的突破。仔细看女人的面部，会发现梵高用了较为艳丽的红色。从观者的角度来看，光线照射的女人左侧脸上用了红色，但不是那种绯红；左侧的嘴唇仿佛涂了一半的口红，而右侧脸的阴影部分也抹着一片片的红。这就使女人的整个面部看上去，像是感染了猩红热后的症状，多少让人有点儿不适。

但是，如果你知道了这是梵高刚开始学会用色彩来表达自己的情感时，你可能就会容忍一点儿他的这种配色。没错，在这之前，梵高的作品用的大多是阴暗的颜色，就像他暗淡、坎坷的人生一样。从下面三幅梵高早期的作品中，能够对比出梵高画风发生的变化。

▶ 梵高 海滩上的人和海上的船
　纸板油画 34.5cm×51cm 1882 现藏于荷兰阿姆斯特丹梵高美术馆

▲ 梵高　荒地上的两个女人
　布面油画 27.8cm×36.5cm 1883 现藏于荷兰阿姆斯特丹梵高美术馆

梵高　黄昏风景 ▼
布面油画 35cm×43cm 1885 现藏于西班牙提森－博内米萨博物馆

正是从《散着头发的女子头像》这幅画开始，梵高发现了色彩的无限魅力。他开始意识到，色彩能表达他的情绪和感情，而作品中的人物有没有感情，他并不那么在意。这也进一步启发了他，过去依赖作品主题来表达的梵高，从色彩里发现了新的创作灵感。

在梵高身上发生的这些变化，我们只能猜测，他有可能是受彼得·保罗·鲁本斯的影响。梵高成熟期的很多著名作品中使用的"厚涂法"，灵感可能就来自鲁本斯。

再来看下面这幅画——《抽烟的骷髅》。

这幅《抽烟的骷髅》可以算是梵高的第一幅自画像，虽然它是真的"露骨"。从医学角度来看，这幅作品像是梵高为自己画了一张 X 光片，唯一有些怪异的是，它嘴里叼着的烟没有呈现出 X 射线影像。

学过美术的人很容易能看出来，《抽烟的骷髅》这幅画就像他们平时美术训练时的人体骨骼模型。

在创作这幅作品时，梵高可能正接受着专业的训练。不管是不是美术专业的人，都能看出梵高并没有老老实实地照着模型来画。他在写给提奥的一封信中说，他觉得学校的教育枯燥而无聊，他并不能从中学到什么像样的东西。

学校里的教育无非就是画一些静物、风景、人物什么的，画得像就能拿个好成绩。梵高讨厌这种呆板的模式，他不想把作品画得过于写实，画得那么像，还要相机干什么?!

梵高脑海里可能浮现过一句话，"原谅我这一生不羁放纵爱自由"，他想要发挥一些自己的东西，要把自己的情绪和感情放到作品里。

这幅没有皮肉的骨架，在梵高这里，居然有了性格和态度。画中的骷髅叼着一支燃着的烟，那姿势看上去就是个老烟枪，连悠悠的烟气也透出一种从容和洒脱，深不见底的眼窝里居然表现出了一种蔑视一切的神态。

这幅画作没有画出皮肤和肌肉，你却能从骷髅那微微向上扬起的嘴角，看出它表露出的一种阴险和狡诈。这种表现手法，差点让我们忘了它仅仅只是一副骨架。

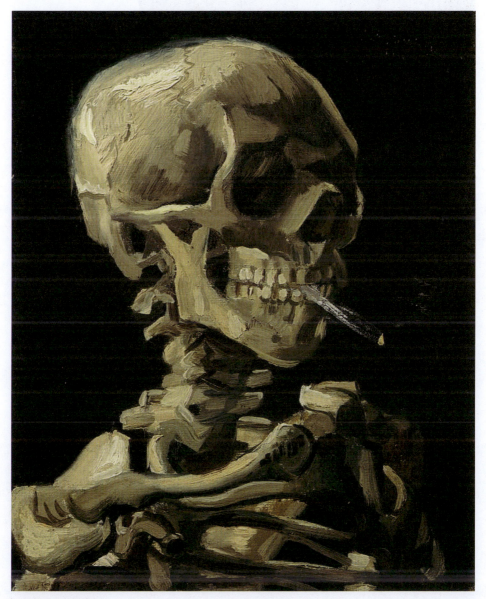

▶ 梵高　抽烟的骷髅头

布面油画　32.3cm×24.8cm　1886　现藏于荷兰阿姆斯特丹梵高美术馆

▶ 阿历山德罗斯 米洛斯的维纳斯
大理石雕塑 高 204cm 公元前 150 年左右 现藏于法国卢浮宫博物馆

　　梵高这一辈子可能都不适合过安稳的生活。在学校学画时，他讨厌学校教条的授课方式，这就避免不了会跟每个老师干仗，他甚至跟校长也敢怼上几句。情感都是相互的，老师们也"礼尚往来"，没一个待见梵高这样的学生。在一节课上，老师让学生们画《米洛斯的维纳斯》，梵高把原作品生生画成了一个断臂的荷兰农妇。

　　看到梵高的画，老师当场就急了，心想："这是跟我作对吗？"

　　老师本就知道梵高不是个正经孩子，他就很想扳一扳这孩子身上的邪性劲儿。老师直接上手，在梵高的"断臂农妇"上一通涂改，甚至由于过于气愤，画笔还把画纸给捅了个窟窿。

　　梵高当时的内心活动应该很精彩，心想："你改就改吧，我就不说啥了。你居然还把我心爱的画整破了，这我可没法忍你了。"于是，梵高冲着老师就是一顿大骂："你根本就不知道年轻的女人到底长什么样。她们是要怀孕生孩子的，她们必须有臀部和骨盆。"出完气，梵高就愤愤地走出教室，再也没有回来一也得亏他没再回来，他要是回来，就得准备再复读一年。

　　梵高就这样装着一肚子气，离开了安特卫普，动身去了巴黎，走进一个浪漫的花花世界。

● 第 2 节　巴黎这个大熔炉

　　来到巴黎的梵高终于和提奥会合了。这时的提奥又高升了，有了自己的画廊，虽然他并不是这间画廊的大老板，但他有很大的自主经营权。提奥终于可以如愿地在画廊里展出一些印象派画家的作品，比如马奈、莫奈、毕沙罗、德加等人的作品。

　　看着梵高穿着一身的破旧衣服，提奥决定先给哥哥置办一身像样的行头。多亏巴黎人见过世面，包容、大度，梵高要是在别的城市，估计早就被警察盯上，当成二流子了。

巴黎处处弥漫着高雅的气息，街道上一片繁忙热闹景象。逛完街，兄弟两人回到了画廊。提奥不由自主地窃喜，这让梵高一脸懵。提奥让梵高自己去楼上看印象派的作品，先去感受，然后再交流。

一步步地走到楼上，梵高感觉自己像是走进了一个疯人院。从十二岁起，在梵高的印象中，他接触到的全部的绘画作品都是阴暗而沉闷的，就像夏雨降临前的天空。那些作品都不会让人看到画家的笔触，有的只是细节的精确和完美无瑕，颜色间通过过渡融合在一起。

此刻，梵高面前的这些作品无不洋溢着"阳光般的微笑"，这些作品没有了以往欧洲传统的死气沉沉的姿态，而是充满了光、空气和生命。这里面有把红、绿、蓝等几种原色胡乱堆在一起的德加作品，有笔触清晰、用色温暖而鲜艳的莫奈作品，有风格大胆、"有伤风化"的马奈作品。一众跟"疯子"一样的画家居然研究出了这些让人瞠目结舌的作品。

在看过先锋的印象派年轻画家的画作后，梵高感到前所未有的震惊，甚至因此陷入了一种绝望与极度的痛苦——他被自己一直厌弃的明亮色彩震颤到，他花费了六年时光所积淀的所有表现手法，在接触到印象派时，被彻底否定。仿佛刚看到了一丝光亮的时候，阴云就来了，还没好好欣赏自己的成就感，就发现"成就感"可能更像是"失败感"。

他向弟弟提奥细数自己的痛苦，同时也渴望能有人在这时给予自己一些安慰与肯定。好在提奥没有做压倒他的最后一根稻草，他对哥哥坚定不移的支持与鼓励，极大地成就了梵高的一生。

转变过程中的很多艰难，可能只有梵高自己体会得更深。他模仿每一名印象派画家的风格，以至于提奥晚上一回家，通过他今天的作品，就能知道他看了谁的作品。后来，他将各位画家的风格融合在一起，凑成一个大杂烩，提奥幽默地称它为"摘要"。梵高在不断地尝试和调整中，险些丢掉自己，庆幸的是他并没有迷失太远。

陈丹青对梵高有很高的评价，他认为梵高即使没有去过巴黎，也一样可以成为一位伟大的画家。关于这一点，梵高也持同样的态度，1888 年 9 月 17 日，梵高跟弟弟提奥说：

他们(修拉和西涅克)所发明的点描技法是个新玩意儿，我的确很喜欢。

但是对我来说——诚实地说——我更倾向退回到我去巴黎之前所尝试的。

梵高虽然在巴黎接触到了各种不同的绘画风格和技巧，但他还是更明确自己的画风，更相信自己对绘画的感觉。

几年的绘画经历，让梵高深切地体会到真实的重要性——对于大自然所创造的一切，都应当真实地表达出来。大自然从不说谎，它的真实本身就具有美与力量，人们需要认清它的全貌。梵高相信，即便是底层人民的生活，也比巴黎所有沙龙和派对的灯红酒绿更有诗意。他相信痛苦并非一无是处，相反它是有价值的。在人类的所有情感中，它最为深刻且根深蒂固。

人们所有表现出的个性都超过平庸。所有粗犷而严酷的现实，超过世间所有财富的价值。人与人之间都是平等的，那些符合自然规律的，都是生活的组成部分。

巴黎聚集着一众新生的印象派人物，他们是一些狂热的自我中心主义信徒，拿着各自坚不可摧的理论对抗着固有的、守旧的绘画传统。这些印象派画家们发现了各式各样的光，光是他们聚会时的共同话题。他们在一起时，讨论着在作品中用哪种光才能表达自己的思想，他们跟人们分享着各自捕捉光的能力。

除此之外，印象派还发现了空气这种虚无的东西。他们认为空气是有生命的、流动的，它充斥在空间的每一个角落。

莫奈所用的最暗的颜色，比在荷兰所能找到的所有绘画作品中最亮的颜色都更亮。他画的每一笔触都十分明显，看到他的画，似乎你都能想象出他是如何作画的。画布上大团的颜料，表现得既强烈又厚重。除此之外，这些颜色灵动得似乎还能在你面前跳动。

马奈则一直都在尝试着突破人们的道德底线，他的《奥林匹亚》和《草地上的午餐》中的女子都一丝不挂。

因此，这两幅作品也给马奈招来了铺天盖地的争议，以至于作品展出时，为确保作品不被义愤填膺的人们用刀砍坏，警察不得不用绳子拉出一条警戒线。梵高发现，在马奈的作品中，几种排列在一起的基本色之间根本就没有过渡，所有特别细微的细节索性就不存在，更不要指望从他的作品中找到什么明确的、确定的部分了。

马奈 奥林匹亚 ▼
布面油画 130cm×190cm 1863 现藏于法国巴黎奥赛博物馆

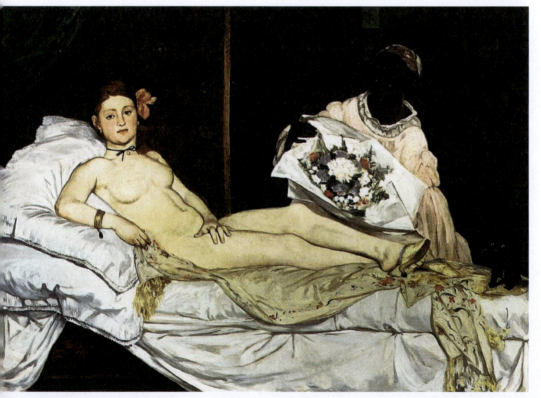

　　不只是中国人会把马奈和莫奈这两人搞混，就连梵高也差点把两人的名字看作同一个人——梵高把马奈（Manet）的名字看成了莫奈（Monet）。其实，大多数人把两"奈"搞混并不是因为前面的"马"和"莫"两字，而是对这两人就不太了解，而梵高则是因为字母"a"和"o"长得太像了。这两个"奈"还真是让人无可奈何啊！

　　看完这些刷新视觉的作品后，梵高感觉自己的三观都需要重塑。梵高此时感觉，自己头顶上空十米的位置好像呼啸过一架超音速战斗机。

　　梵高这时也想起姐夫毛威说过的一句话："你就不能认真地画出一条明确的线吗？"梵高现在充分理解了这句话的深意。他现在正站在"明确"与"不明确"

▼ 马奈 草地上的午餐
　布面油画 213cm×269cm 1863 现藏于法国巴黎奥赛博物馆

的分界线上，这条分界线上缓缓地升起了一轮太阳。他看着自己这几年创作的暮气沉沉的作品，直想把这些晦气的破烂玩意儿扔进垃圾堆。

梵高对这一天发生的犹如暴风雨般的经历，久久不能回神。提奥回来一看哥哥这种神态，就知道发生了什么，于是两人就聊起印象派来。

梵高很懊恼，感觉自己前面六年学画画的时间都白白浪费了，画出来的都是一些过时的落伍的作品。梵高吐槽、责问提奥为什么没有早点儿把这件事跟他说，这下可好，他不得不重新归零，回到起点了。

但提奥并不这么认为，在他看来，梵高已经形成了自己的风格，现在所要做的，就是把调色板提亮而已，顺便把透明的流动的空气呈现在画布上。提奥提醒哥哥，千万不要完全模仿印象派，不要被巴黎这帮初出茅庐的家伙们给带跑偏了，要坚持自己的风格。

提奥为哥哥梵高的变化而开心，于是决定要为梵高和巴黎的这次相遇庆祝一番。

1886年，三十三岁的梵高从荷兰来到了巴黎。在巴黎的这段时间里，他时常光顾铃鼓咖啡馆，并爱上了咖啡馆的女老板。这名叫阿戈斯蒂娜·塞加托里的意大利女人比梵高大十二岁，但风韵不减当年。

第二年，梵高为这个女老板创作了一幅独酌的肖像画。

咖啡馆在倒闭前，一直都挂有梵高的作品。在这幅肖像画中，能看到右侧背景中挂着一幅梵高画的"日本画"。画中的女老板坐在铃鼓桌前，点着一支烟，一个人喝着小酒，若有所思地看向某处。

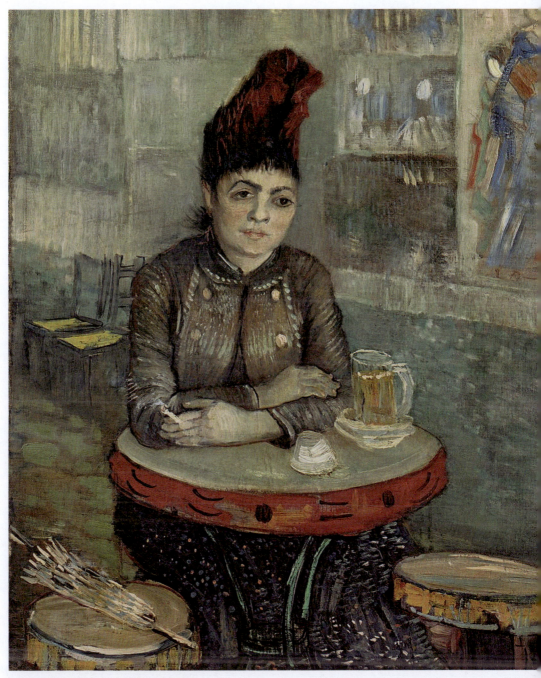

▶ 梵高 铃鼓咖啡馆中的阿戈斯蒂娜·塞加托里

布面油画 55.5cm×46.5cm 1887 现藏于荷兰阿姆斯特丹梵高美术馆

● 第 3 节　老好人唐吉老爹

在巴黎的画家圈子里，没有人不知道唐吉老爹的。很多穷困潦倒的年轻画家都接受过唐吉老爹的资助。画家们画画的所有物件都从唐吉老爹那里获得，而他们也都希望自己的作品能通过唐吉老爹卖出去，梵高自然也不例外。

可以说，唐吉老爹是画家们的衣食父母，这也是"唐吉老爹"这个名号的来历。唐吉老爹在巴黎是个传奇的画商，他不仅为人和善，如慈父般，而且眼光独到，能一眼就看出一个学画的人是不是有当画家的潜质。当时，塞尚并不被圈内看好，唐吉老爹是唯一一个让塞尚把自己的作品拿到自己画廊里展卖的画商。

梵高经常从唐吉老爹的小店买浮世绘的版画，他对浮世绘越来越痴迷。梵高从浮世绘作品中获得了前所未有的艺术灵感，他疯狂地临摹这些作品，用油画的形式将它们重新呈现，他从中学到了特殊的构图技巧，比如画面透视、色彩搭配和表现笔触等。

从此，梵高在色彩的使用上越来越大胆，更多鲜明而艳丽的颜色出现在他的作品中。他彻底放弃了欧洲传统的绘画技法，将新学到的浮世绘风格完美地融进自己的风格中。

其实，不只是梵高，巴黎几乎所有的画家都受到浮世绘很大的影响。梵高总共为唐吉老爹画过三幅肖像画，其中的两幅有着浓浓的浮世绘风格。

先来看唐吉老爹的第一幅肖像。看到下一页这幅肖像画，你会有什么样的感受？

见此图标用微信扫码 对话AI梵高 重温他的艺术人生

▶ 梵高　唐吉老爹

布面油画　92cm×75cm　1887　现藏于法国巴黎罗丹美术馆

▶ 歌川广重 江户近郊八景：飞鸟山暮雪
版画 23.4cm×36.8cm 1837—1838
现藏于日本春秋版画博物馆

▶ 葛饰北斋 富岳三十六景，凯风快晴
版画 25.7cm×38cm 1831—1833
现藏于美国印第安纳波利斯艺术博物馆

▶ 歌川广重 名所江户百景：关口上水端芭蕉庵椿山
版画 35.5cm×24.3cm 1857
弗雷德里克·威廉·古金收藏

对于唐吉老爹这样一位老好人，如果梵高只是按照传统的画法，仅画上老爹标准安详的坐姿，那这幅画也就没什么大不了的地方。可梵高不只在背景上进行了独特的设计，还在很多细节上做了精心处理，让整个人物看起来更加鲜活。

在这幅作品中，唐吉老爹端坐在画面正中。对称性的构图设计让唐吉老爹显得更加端庄、正直。经典坐姿的手交叉放在小腹位置，普鲁士蓝的眼睛透露着平静与谦和，也带有一丝艺术气质。唐吉老爹健康强壮的身体通过他的红艳嘴唇表现出来，在白净的皮肤和灰白色胡子的衬托下，嘴唇更显红润。

有传言说，梵高曾从数以万计的浮世绘作品中精心挑选了四百多幅，收藏起来供自己欣赏和学习。浮世绘作品中有很多看起来都差不太多。在如此繁多的作品里，如果想从中找到《唐吉老爹》背景里梵高临摹的浮世绘作品，实属不易。

梵高将自己对浮世绘的喜爱都放到了唐吉老爹身后的背景中。

这时，你可能忍不住想问：浮世绘到底是什么，为什么会让梵高如此痴迷？

浮世绘，就是指表现不断变化浮动的世界的一种绘画。它起源于 17 到 19 世纪日本的江户时代，主要以版画的形式呈现，历史、民间传说、风景、动植物、美人等是其主要题材。

浮世绘的主要代表人物有喜多川歌麿、葛饰北斋、歌川广重，被称为"浮世绘三杰"。1867 年，浮世绘第一次出现在法国巴黎的万国博览会上。葛饰北斋、歌川广重等浮世绘主要代表人物受到西方艺术家极力追捧。由此，西方艺术圈掀起了一股日本风潮。

但当时在日本，浮世绘并没有受到多大的关注。直到 20 世纪初，越来越多的浮世绘作品被出口到欧洲，影响力也越来越大。很多知名画家深受浮世绘的影响，包括塞尚、莫奈、马奈等，当然更包括梵高。

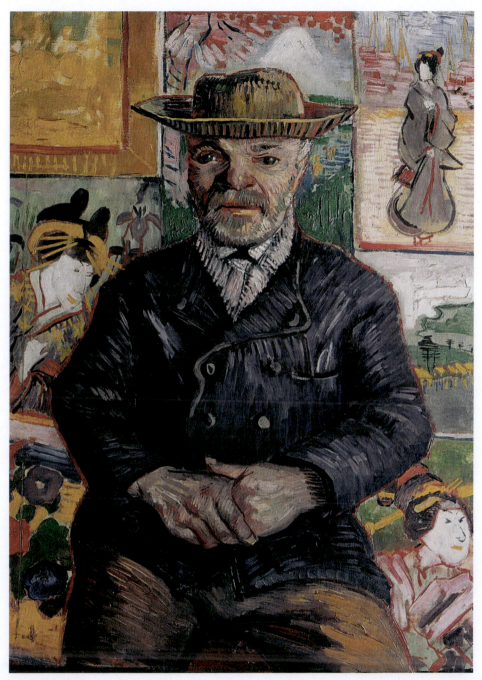

▶ 梵高　唐吉老爹
布面油画　65cm×51cm　1887　私人收藏

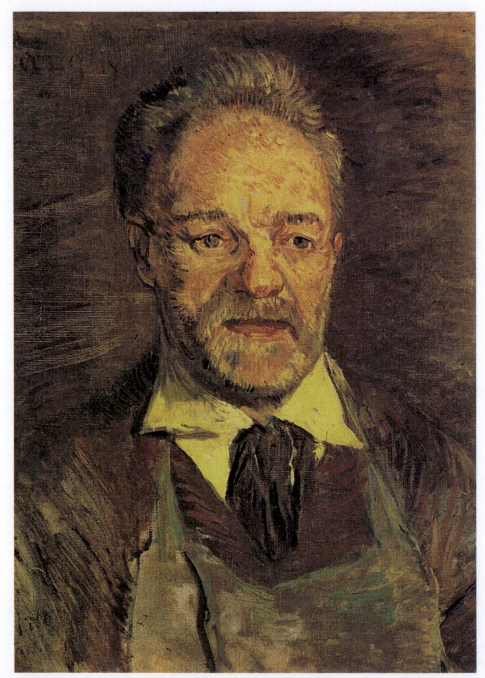

▶ 梵高 唐吉老爹
布面油画 47.0cm×38.5cm 1887 现藏于丹麦哥本哈根新嘉士伯美术馆

　　唐吉老爹的画店里挂的都是印象派画作，当时人们称唐吉老爹的小店为"印象派博物馆"。即便如此，在唐吉老爹生前，这些印象派的作品并没有让他得到任何名利。最难得的是，唐吉老爹并没有打算靠这些印象派的画来发财，他只是单纯地欣赏、喜欢和热爱这些画作。正是因为唐吉老爹有这么单纯、朴实的想法，上帝才将梵高这位落魄的画家派来为他画像，让他青史留名。唐吉老爹去世后，他的老伴就赶忙把店里的那些画全部贱卖了。想必唐吉老爹在天有灵，定会痛哭得死去活来。

在学习日本浮世绘风格时，梵高临摹了很多日本版画作品。

梵高这幅作品《盛开的梅树》，临摹的是歌川广重的《名所江户百景：龟户梅屋铺》。

《名所江户百景：龟户梅屋铺》这件作品，配色尤为特别：上面天空用葡萄酒红晕染，而下面的天空泛出一片白茫，好似被那满树白梅花映亮一般。

近景中的树枝将整幅作品分隔成大小几个板块。最近的这个树枝好似儿时玩的弹弓，观赏者通过"V"形的准星，将目光射向远景，而这种远近的衬托方式，

▼ 梵高　盛开的梅树
布面油画　55cm×46cm　1887　现藏于荷兰阿姆斯特丹梵高美术馆

极大地拉开了空间的纵深感。

梵高学习了这种构图方式，但有意调暗了配色，红艳艳和白茫茫的天空被他换成了鸡血红和黄盈盈的色调，就连左下角近景中的树枝也被他涂上了暗红色。这样一来，整幅画似乎增添了一丝生命的温度。

在标准画布的尺寸下，左右各有一条空白，为了不让这两条空白显得单调乏味，梵高在上面涂上了橙色的底色，并把另一幅木版画上的日文仿写在了上面。虽然字写得歪歪扭扭，但好歹不显得空了。

▼
歌川广重　名所江户百景：龟户梅屋铺
版画　61.5cm×44cm　1856—1858　现藏于日本浮世绘博物馆

　　梵高的《雨中桥》临摹的是歌川广重的《大桥骤雨》。从《雨中桥》中，我们能感受到梵高津津乐道的"快笔触"。不管是构图、线条还是用色，作品都以最直接的方式传递着明确的情绪和氛围。

▼
梵高　雨中桥
布面油画　73.3cm×53.8cm　1887　现藏于荷兰阿姆斯特丹梵高美术馆

　　两幅作品都有着独特的构图设计，岸上的树影、湍急的河水、雨中的大桥、桥上的行人，均呈不同的斜线交叉勾勒。绵密急促的线条给人一种极为强烈的紧张感，让人犹如置身雨中，匆忙地寻找着躲雨的去处。

▼
歌川广重　大桥骤雨
版画 61.5cm×44cm 1887　现藏于日本浮世绘博物馆

梵高在第三次临摹浮世绘作品时，不再只局限于木版画，而是找来了一份《巴黎插图》杂志，其封面上画着溪斋英泉的《身穿云龙打掛的花魁》。梵高对这幅画进行了二度创作，他在还原花魁原本形象的同时，加入了自己的理解与想象，创作出了《艺伎》这幅作品。

▼
梵高 艺伎
布面油画 100.7cm×60.7cm 1887 现藏于荷兰阿姆斯特丹梵高美术馆

　　从上面两张仿歌川广重的作品中，我们能领略梵高汉字的书法水平，能看出他在这方面还有很大的进步空间。现在，我们只能猜想他是用上了印象派的小技巧来画出的这几个字。

溪斋英泉　身穿云龙打掛的花魁

版画　60cm×26cm　1820—1830　现藏于日本千叶市美术馆

阿尔：
梵高之城燃烧的光和热
第四章

扫码了解

· AI 梵 高
· 人物传记
· 艺术史赏析
· 画作共创

● 第 1 节　紫金播种者

　　2022 年 11 月 4 日，在意大利罗马市中心举办的展览会上，四名极端环保组织的成员对着梵高著名的作品《播种者》泼洒豌豆汤，这四个人高喊着"反对全球变暖"和"反化石燃料"的口号。庆幸的是，梵高的这幅作品有一层玻璃屏幕保护着，并没有遭到破坏。

　　另有报道说，2022 年 10 月，这个组织的环保成员曾在英国首都伦敦的国家美术馆，对着梵高的名画《向日葵》泼汤，那一次事件让作品的画框受到了轻微损伤。

《播种者》里的农民播撒的是种子，而这些环保人士泼洒的是豌豆汤，他们通过这种方式向梵高"致敬"，向农民"致敬"，并试图让更多的人关注全球气候和环境问题。

梵高的这幅作品本身就很出名，加上这么一"泼"，名气又大了许多！

这幅作品中播种者昂头阔步的样子，就像是大阅兵时，迈着正步供首长检阅的大兵。他自信而又精神饱满的神态，就好像已经获得了丰收。在耀眼的阳光照射下，播种者的影子映在土地上，那是他辛勤劳作过后的痕迹。

据说，梵高从这个播种者身上看到了"死亡的形象"：播种者以"死亡"的形象，亲手播撒着生命和希望。如此诡异的事发生在一个人的身上，着实让人费解。大抵人生也是如此：充满各种苦难，我们的一生，只会向着死亡越走越近，但这毫不影响我们拥有远大的理想，以及内心充满对生命的渴望。

日常并不起眼的土地在梵高的笔下成为焦点，占据着整个画面将近三分之二的比例。显然，梵高有意将焦点放在土地上，他对土地的崇拜和敬畏通过这种浮雕式的表现手法呈现出来。

梵高热衷于厚涂法，他将蓝紫色和橙色颜料交错，一层层地涂满大地，将浓烈的感情融入其中。他的感情太炽烈了，涂得太厚了，以至于呈现出浮雕的效果。如果近距离欣赏这幅作品，你能感受到梵高的每一笔都倾注着深情。

在这波光粼粼、如海面的土地之上，有三只海鸟模样的乌鸦。其中两只振翅起飞，它们与面前开辟出的金黄色道路处在同一条轨迹上，它们沿着这条轨迹，飞向远方的小屋和树，那是理想中生活的样子。

第三只站在土地上的乌鸦，与金黄道路的结束点和播种者的立足点在一条线上。这只乌鸦似乎在看着道路的尽头和播种者的步伐，将画面的焦点重新聚集在播种者身上，它就像大多数的旁观者一样，注视着身边发生的一切，而自己不会采取任何行为。

地平线处的太阳散发着神秘而诱人的光芒，布满整个天空，为它所能照耀到的每一寸土地提供光和热。它是生命活动的根本，它的耀眼夺目顺理成章。

在播种者的身后，接近地平线的位置，是一片成熟了的玉米地，寓意着农业生活的永序循环、生命的更新往复与自然的轮回。这还没完，《播种者》的主题还有一种宗教意味，播种者象征着具有上帝旨意的人，"播种"为这个世界带来生命。

梵高　播种者 ◀

布面油画　64cm×80.5cm　1888
现藏于荷兰库勒－慕勒博物馆

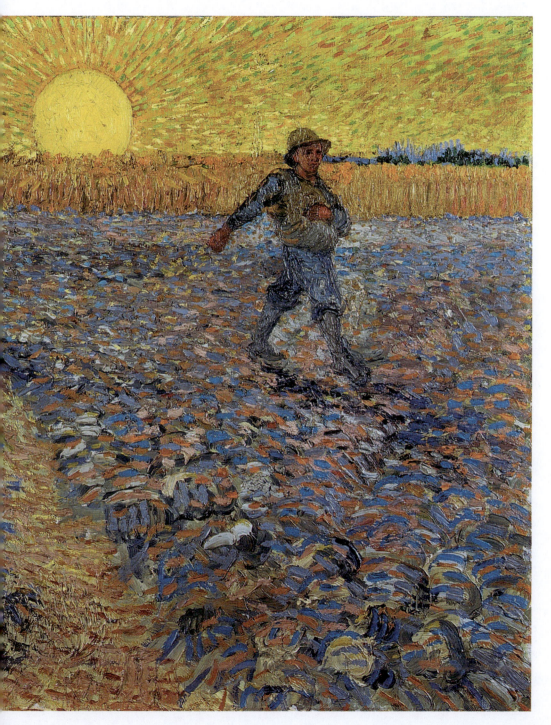

1888 年 6 月 18 日，梵高在写给伯纳德的信中谈到了《播种者》这幅画：

大片耕过的田地，被翻起的泥土呈现出紫色，成熟麦田的赭黄色调中透着一点胭脂红。浅色的天空是一号铬黄掺着一点点白色，就像太阳一样明亮。而天空其他部分的颜色则是一号和二号铬黄混合而成。确实是非常的黄。播种者穿着蓝衬衫和白裤子，土地披着一层黄色，而呈现出的却是黄色和蓝紫色混合之后的中间色。不过，我已经没那么在意真实的颜色是什么了。

⋯⋯⋯⋯⋯

说心里话，我颇喜爱乡村的生活。乡村的零星回忆、对播种者和谷物所象征的永恒渴望，让我着迷不已。

⋯⋯⋯⋯⋯

我想以《播种者》为例来谈谈关于黑色和白色的问题。画布分两部分：上半部分是黄色的，下半部分是蓝紫色的。欣赏者在看过黄色和蓝紫色超强烈对比的刺目效果后，白色的裤子能暂时转移注意力，让眼睛放松下来。这就是我想说的。

1888 年 6 月 21 日，梵高在给弟弟提奥的信中提到《播种者》的想法：

在耕过的土地上，紫色的土块向上延伸到地平线，一个播种的农民身着蓝白相间的服装，有低矮成熟的麦田处在地平线上，其上是金黄色的天空和同样金黄色的太阳。单从我所用的色彩术语上就能看出，在这个构图里色彩占有举足轻重的地位。

⋯⋯⋯⋯⋯

我一直都梦想着能画幅播种者的画，但这种长久的渴望未必真能成为现实，因此我有些害怕。

1888 年 6 月 28 日，梵高在信中又跟弟弟提奥聊起《播种者》：

昨天和今天我都在画播种者，已经全部重画过。天空是黄绿相间，大地是紫色和橙色相间。⋯⋯米勒的《播种者》是色彩浅淡的灰，恰如伊斯拉尔斯的画作一样。

由此可见，梵高受到米勒《播种者》的影响，对这一题材产生了浓厚的兴趣。在这幅作品的创作过程中，梵高几易其稿，不断完善作品的构图和色彩。

▼ 米勒 播种者
布面油画 101.6cm×82.6cm 1850 现藏于美国波士顿博物馆

米勒的《播种者》，其色调更偏重阴暗。萧索的麦田里，播种者振臂有力，阔步向前，播撒着寄托希望的种子。飞鸟在空中盘旋寻觅，准备抢夺播种者辛勤播下的希望之种。

米勒的《播种者》，是一件垂直放置的作品。其中，人物占据画面的大部分比例，劳动者的形象尤为突出。播种者是整部作品的主导者，他的勤奋、坚定、力量都源自他们的劳动。

米勒用一种具有雕塑质感的手法，塑造出一个深沉而有力的劳动者形象，这一形象让当时的统治者感到恐慌。统治者们仿佛在劳动者富有韵律感的力量中看到了六月革命时，巴黎街头起义人民的形象。这幅作品受到那些进步人士的追捧和赞誉。从这幅画中的劳动者身上，法国作家雨果看到了人民无限的创造力。

梵高对这件作品有自己独到的见解："在米勒的作品中，现实的形象表现出象征的意义。"

　　除了那幅著名的《播种者》，梵高还画了两幅颇为相似的《日落时的播种者》。

▶ 梵高 日落时的播种者之一
布面油画 73.5cm×93cm 1888
现藏于瑞士苏黎士伯勒藏品基金会

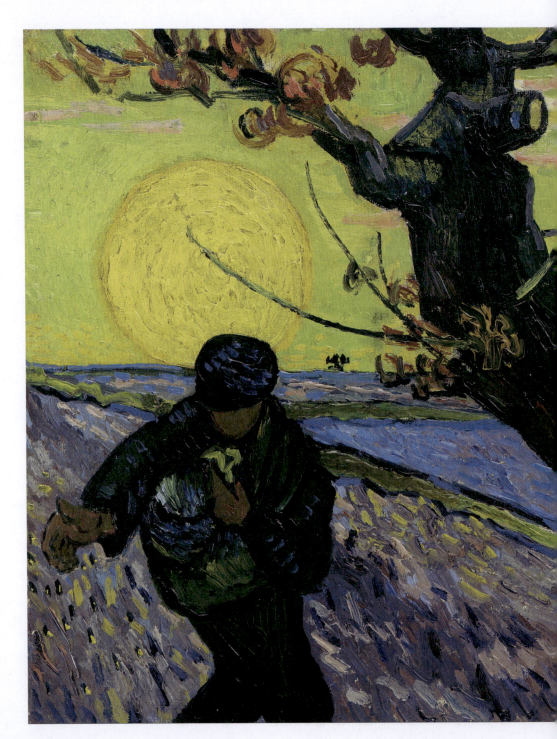

两件《日落时的播种者》水平放置的作品，尺寸比米勒《播种者》要小。但《日落》不管是在绘画和构图上，还是在精神和思想上，都堪称一件不朽的作品。

《日落时的播种者》不同于米勒的《播种者》的一点在于，处在画面左下角的播种者同右侧的树木之间形成了一种相互影响的关系，两者在视觉上形成了一种平衡和一种对抗。播种者衣服的颜色与树干的颜色相近，这让播种者看起来就如这壮硕的大树一样，扎根于土地，有着旺盛的生命力。

默默无闻劳作的播种者专注在自己的土地上，谁也不知道这个人到底是谁，但他能代表他们这一类劳动者。连他身后的太阳也在默默地为他的劳动付出祝福着——在他的头上形成一个巨大的光环。

再来欣赏一下梵高"播种者"系列的其他作品，看看画中人物迷人的"正步走"有什么不同。

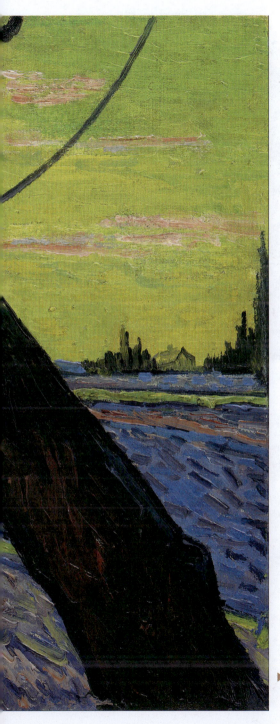

▶ 梵高 日落时的播种者之二
布面油画 73.5cm×93cm 1888
现藏于瑞士苏黎士伯勒藏品基金会

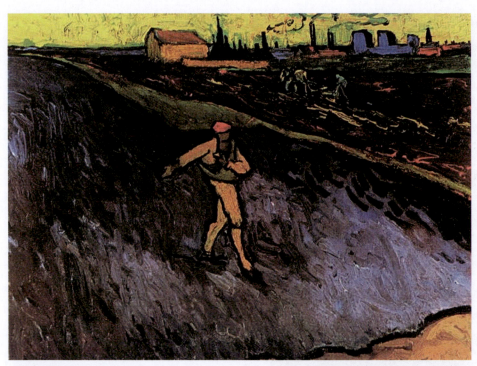

▲ 梵高　播种者之一

布面油画　33.6cm×40.4cm　1888
现藏于洛杉矶阿曼德·哈默艺术博物馆

▼ 梵高　播种者之二

布面油画　72cm×91.5cm　1888
现藏于温特尔艺术机构

下面三幅画作是梵高临摹米勒的作品《播种者》，从1881年的素描到1889年的两幅油画，前后八年的时间跨度，可以从每件作品中看出不同的风格和情绪。

1889年10月，梵高在给弟弟提奥的信中说：

> 有时候觉得，这就是我感觉和思考的方式，只有农民对世界的贡献最多。
>
> 我孜孜不倦地在我的画面上耕耘，就像他们（农民）在自己的土地上耕耘一样。

▶ 梵高 播种者（习作）
素描 19cm×27.5cm 1881
该作品下落不明

▶ 梵高 播种者（临摹米勒作品）
布面油画 80.8cm×66cm 1889
私人收藏

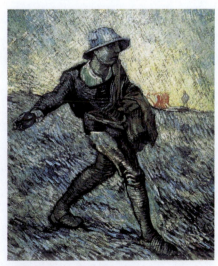

▶ 梵高 播种者（临摹米勒作品）
布面油画 64cm×55cm 1889
现藏于荷兰库勒－慕勒博物馆

● 第2节 心心念念的"黄房子"

来到阿尔，梵高几乎每天早晨4点起床，走上三四个钟头的路，才能到达他梦想中的创作之地。在那里，梵高能非常专注地创作一整天，一直画到天黑。那段时间是他创作的高产期，他甚至一个星期就能画出七幅大型油画。当然，这极度耗费精力，当这七天一结束，他就累得半死，需要睡个大觉来恢复精神和体力。

梵高以这种方式透支着自己的身体，只要自己的身体还有一点儿力气，他都会用在画画上。这一时期的他，完全沉浸在创作中，时而激情澎湃，时而妄自菲薄。他抛弃了之前用过的传统颜色，开始寻求新的表现形式。或者说，这时的他已经知道了自己需要什么样的色彩。

休息调整了一个星期后，梵高又创作了一组作品，内容大多是表现阿尔夜晚的景象，比如灰色的饭店、月光下的丝柏树丛、咖啡馆等。创作中的梵高会整晚整晚地在街头画画，精疲力尽后便会睡上一整天。这种白天睡大觉的行为，落在一些无事可干的阿尔人眼里，就成为梵高的笑柄，提起来就让人不齿。

月初的一天，梵高租住旅馆的房租突然涨了，老板把梵高放画的一个小房间的租金也连带着一起抬高了。老板这种唯利是图的表现让梵高极为厌恶，于是梵高便开始谋划着找一个长久的住所，布置一个永久的画室。

热心的邮差老鲁林给梵高带来一个好消息：拉马丁广场旁有一处黄颜色的房子正在出租，地段好，宽敞明亮，房租也比他现在住的旅馆便宜不少。

梵高激动地在黄房子周围转来转去，怎么看都看不够，最后还用画笔画了下来，好抒发自己的兴奋之情。

梵高把自己美丽的心情毫不掩饰地都画进了这幅画中，这里面有喜悦，有力量，有希望。他越设想自己住进黄房子的情景，就越是喜欢这个"永久的家"。

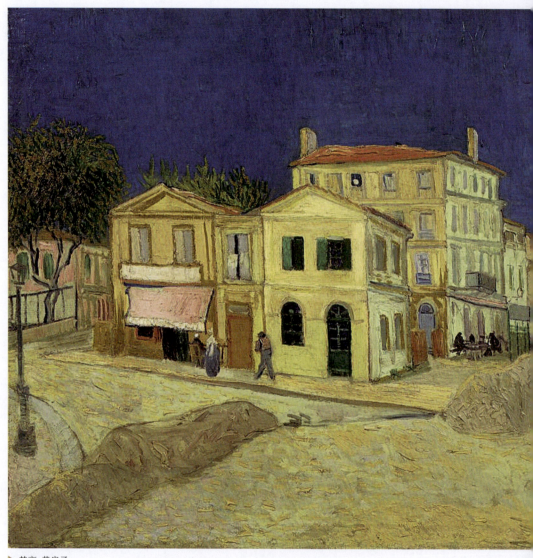

▶ 梵高 黄房子
布面油画 72cm×91.5cm 1888 现藏于荷兰阿姆斯特丹梵高美术馆

　　在这幅画中，两层的黄房子周围，有鳞次栉比的建筑、青葱的树木，街道上有各色的行人，这一切都笼罩在深蓝色的夜空下，让他这个"家"在夜色中被衬托得不那么冷清，反而充满了烟火气与市井气，处处透着温馨与平和。

奔跑的火车（《黄房子》局部）

画面右侧的桥上，火车正冒着白色浓烟，快速地向前奔跑，透过画面似乎可以听到火车"突突突"开动的声音。

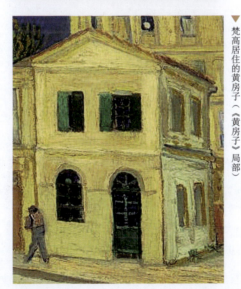

梵高居住的黄房子（《黄房子》局部）

在这幅画的正中间，街角处那座尖顶、窗户被涂成绿色的房子，就是梵高最后租下的心心念念的"家"。二楼左侧的绿窗户是梵高的卧室，它的隔壁是客房。

为了让画中的景象更生动，更富想象力，梵高用尽可能亮的黄色涂在了建筑和街道上，即便是夜晚的场景，也给人一种夜色被射灯打亮的感觉。深蓝色与橙色两种对比色的运用，能够给人带来最直接的视觉冲击力。

街道上的人们，有的三五成群地坐在一起聊天，有的结伴逛街，有的行色匆匆。人们神色各异，或悠闲，或忙碌，每个人都有自己要奔赴的生活，都有重要的事情要做。

　　老鲁林热心地帮梵高跟房东砍价，最终以一个月十五法郎的低价把黄房子租了下来，这个价钱仅仅是旅馆租金的三分之一。梵高特别满意，迫不及待地决定立马搬家，虽然刚刚租下的黄房子里几乎什么都没有。

　　梵高用身上仅有的可怜钱买了些最基本的生活用品，简单采购完，他便身无分文。虽然那点儿钱买不了太好的东西，但这也就够了，梵高对生活品质的要求向来就不高，他更喜欢亲手布置这个"新家"。有没有钱都不重要，在他看来，千金难买他的好心情。

　　当天晚上，梵高做了一顿相对"丰盛"的晚餐，直到这时他才发现，他竟然忘了买刀叉，只能用画笔叉着锅里的肉和土豆来吃。虽然嘴里稍微带着点颜料的味道，但这样好歹肚子里也能画上他的油画作品了。

　　第二天，梵高接到了高更寄来的一封信。高更当时穷困潦倒，疾病缠身，一个人住在布列塔尼的小房子里，身边没有人照顾，还欠了咖啡馆老板一大笔钱。为了还债，高更所有的画都被扣下作为抵押，高更自己也被牢牢地拴在了小房子里，动弹不得。

　　梵高眼中的高更是一位伟大的画家，如果高更不幸离世或是不再画画，对全世界来说都将是一场莫大的悲剧。得知高更的现状后，梵高心急如焚，对高更的处境深感忧虑。

　　突然发生的这一切让梵高想到了自己在巴黎的那段时光，想起和高更的相识、相知和惺惺相惜。高更是他所有朋友里最珍爱的一个，梵高有了如此得意的黄房子，自然不想袖手旁观，便邀请高更一同享用。

　　梵高原打算把黄房子的二楼当画室，一楼作为卧室。决定把高更接来以后，梵高又改变了规划。他准备把两人的卧室都放到楼上，楼下当作画室。他还设想着利用这座房子，成立一个南方画室，这样一来，所有愿意画画的年轻画家都可以过来在黄房子中搞创作。

在去阿尔之前，梵高就跟弟弟提奥聊过与其他艺术家合作的想法。如今，这个想法正在一步步实现。

梵高甚至做好了规划，自己每个月一百五十法郎的预算，要如何使用，才能让两个人更好地生活和画画。为了省钱，他决定自己做饭，不在外面吃，颜料也自己磨，不用买现成的。

为了迎接高更，梵高决定把黄房子好好拾掇一番，主要是好好布置高更的房间。他宁可自己节俭，也要尽可能把最好的东西留给高更，他还选择了开花的果树和向日葵花装饰房间。

　　1888 年 10 月到第二年夏天，梵高为自己的卧室画了三幅《梵高在阿尔的卧室》（以下简称《卧室》）。这三幅画高度相似，稍不注意，就很难将它们区分开。

　　梵高到底把他的卧室装饰成什么样了？我们可以通过他的画来整体感受一下。

　　把这三幅画摆在一起，是不是看不出太大的区别？下面我们就逐一聊聊其中的不同和不易发现的细节。

▶ 第一版

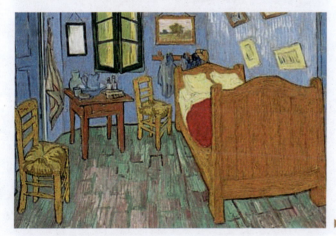

▶ 第二版

▶ 第三版

▶ 梵高　梵高在阿尔的卧室　第一版
布面油画　73.6cm×92.3cm　1888　现藏于荷兰阿姆斯特丹梵高美术馆

　　一直以来，第一个版本的这幅作品都是梵高家族珍贵的财产。这幅画由梵高的侄子文森特·威廉·梵高创立的梵高基金会收藏，并永久租借给荷兰阿姆斯特丹梵高美术馆。

　　如果想要快速区分这三个版本的作品，我们只需关注右侧墙壁上挂着的三幅作品。

按从左往右的顺序来看，挂在床头的画作，人们通常猜测是梵高画的《橡树岩石》，这幅画也被称作《岩石》。

▶ 梵高 橡树岩石
布面油画 55cm×66cm 1888
现藏于美国得克萨斯州休斯敦美术馆

梵高的床侧的墙上挂着两幅画，左边那幅是为尤金·宝赫画的肖像。请记住尤金·宝赫这张重要的面孔，因为他是梵高一生中重要的"贵人"。

▶ 梵高 尤金·宝赫的肖像
布面油画 60cm×45cm 1888
现藏于法国巴黎奥赛博物馆

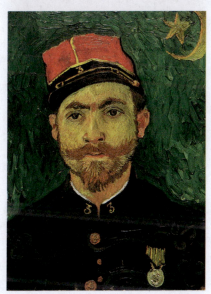

床侧墙的右边挂着梵高为保罗·尤金·米勒画的一幅肖像，他是一位法国轻步兵中尉，这个也会出现在梵高的生活中，并且是一位关键人物。

梵高为各种各样的人画过不少肖像，为什么偏偏在自己的卧室里挂上这两人的肖像呢？先埋一个小悬念，这涉及梵高的另一幅画作，下文会提及。

▶ 梵高 保罗·尤金·米勒的肖像
布面油画 60cm×49cm 1888 现藏于荷兰库勒－慕勒博物馆

1889 年 4 月，梵高在住院期间，创作了第二个版本的《卧室》。在这个版本里，墙面被涂上了阴郁的蓝色，地板上的阴影比第一版重很多，各式家具的用色更偏向灰暗色调，从这幅画作中，我们能感受到梵高绝望孤寂的内心。

梵高为何会住院，又为何会绝望孤寂？这些悬念让人们对画作有了更多解读。

当时，由于罗讷河突发洪水，第二个版本的画作被损坏。于是，弟弟提奥建议梵高根据原始画作再重新画一幅给他。1889 年 9 月，梵高重画了一版，而后便把原画和重画的两幅作品一同寄给了提奥。

在重画的这一版上，床侧左面悬挂着梵高的一幅自画像，另一幅无法辨认，看着像是一位女性的肖像。床头上方挂的一幅作品同样无法辨认，这也给了人们更多的想象空间。

▶ 梵高 梵高在阿尔的卧室 第二版
布面油画 73.6cm×92.3cm 1889
现藏于美国芝加哥艺术博物馆

这幅画的第三个版本由梵高于1889年创作，尺寸稍小一些，是送给母亲和最小的妹妹威廉敏娜的礼物。

画中右侧的墙上挂着两幅肖像画，左边是梵高的自画像，右边的肖像看不出具体是谁，乍看上去像是位长胡子的男人，但也有人猜测这是位女性。这让人不由得心生好奇，猜测那人到底是谁，和梵高又有着怎样的关系。有人猜想，会不会是梵高跟母亲和妹妹表明自己恋爱了，想通过这种半隐晦的方式，让她们看看自己喜欢的人长什么样。

梵高的卧室陈设比较简单，但他用心进行了布置，还挂上了自己得意或是有特殊意义的作品。可见，他把黄房子看作自己永久的家，也把这里当成了自己绘画事业温馨的港湾。

▶ 梵高　梵高在阿尔的卧室　第三版
布面油画　56.5cm×74cm　1889
现藏于法国巴黎奥赛博物馆

● 第 3 节　"收养"高更却得不到他的心

在梵高的期盼中，高更从布列塔尼动身来到了巴黎。这时的高更一文不名，连去阿尔的路费都无力支付，而且他还对去阿尔抱有极大的抵触情绪。

正当高更为钱发愁时，梵高家族中的一位叔伯去世，把遗产留给了提奥。提奥知道梵高有多么渴望让高更来阿尔，于是决定帮助哥哥。他将不算太多的遗产拿出了一半交给梵高，解决了高更的路费问题，让梵高也可以好好地布置给高更准备的卧室。

在等待高更到来的日子里，梵高用黄颜料把黄房子的外墙重新粉刷了一遍，这样一来，房子的黄颜色看起来就更加浓烈。附近的居民不理解为什么一座本身就是黄色的房子，还要费劲再涂一遍黄，这竟成了他们茶余饭后的谈资。

梵高在室内画了阿尔的向日葵，大胆地采用了黄色和蓝色这一组对比色，让室内装饰看起来鲜亮而独特，整个房间内似乎都充满了阿尔炽烈的阳光。

当酷热的夏季来临时，高更也跟着猛烈的西北风一起来到了阿尔。看到高更来了，梵高高兴得不知所措。他给自己放了一天假，带着高更逛遍了阿尔这座小城。两人回到黄房子，便开始商量起日后的生活，甚至规划了每一个法郎该如何使用。因为高更之前做过水手，两人便商定以后由他负责做饭。梵高和高更相处得非常融洽，很快便从生活日常聊到了绘画上。一谈论起绘画的相关话题，两个人便都跟吃了炮仗一样，分歧不断。高更对梵高的绘画创作风格大加批判，他觉得梵高用色很混乱，依然走着新印象主义的老路子，梵高要想进步，就应当放弃现在的创作方式。高更倾向冷静地作画，但梵高在创作时需要时刻保持热血沸腾的状态，根本不可能平静下来。

对梵高喜爱的向日葵作品，高更并不欣赏，他认为这些作品用色单调无趣，整体看起来并不协调。梵高追捧的画家蒙蒂切利和梅索尼埃，更是被高更批得一文不值。同样地，被高更奉为大师的那些画家，梵高也一个都瞧不上。

炎炎夏季炙烤着大地，酷热的西北风像烧红的铁链抽打着人们的身体和神经。人们被这样的天气折磨得都快要发疯了，梵高和高更两人也不例外。他们的神经不是被狂风鞭打着，就是被对方的批判激发着，要不就是被酒精麻木着，根本没有一刻休息调整的机会。神经越绷越紧，终有承受不住的时候。两人一个像火山，一个像导弹，稍微有点儿风吹草动，触动敏感的神经，就可能就会酿成一场不可收拾的爆炸事件。

　　两人精疲力竭，却没钱出去消遣，只能通过挖苦和激怒对方来缓解疲劳，释放压力，有时甚至会大打出手。

　　狂风连续刮了将近一个星期，两人被困在家里，就这样紧绷着神经一直较着劲，每天都把自己旺盛的精力用在创作和争吵上。闷热难耐的热带气候严重影响着两人的胃口，他们只能用苦艾酒来消解这一切。刺眼的阳光、明艳的色彩、极度的亢奋、烟草与苦艾酒，这些东西轮番灼烤着两个人的身心，让他们无比焦躁，心灵上无法获得一丝平静。

　　狂躁的风终于停了，两人越积越多的怒火和无法释放的压力却没有因此消失。他们除了彼此争斗，就是将注意力用在自己的创作上。这样的生活状态和节奏，他们似乎已经逐渐习惯，如果哪天平静无波，他们反而会感到哪里不对劲。

　　每天天刚亮，梵高和高更就会早早地出门，一直在外面画到天黑才回家。在与高更同住的这段时间里，梵高的创作风格也受到了高更的影响。

　　在这幅《埃滕花园的记忆》中，不管是人物还是景物，基本都处在一个平面上，没有任何立体感，只是单单通过粗线条分隔出不同的区域，而这些都是高更的拿手技巧。

　　当梵高对着几株向日葵写生时，高更也为他画了一幅作画时的肖像。

▶ 梵高 埃滕花园的记忆
布面油画 73.5cm×92.5cm 1888 现藏于俄罗斯圣彼得堡艾尔米塔什博物馆

见此图标 微信扫码 对话AI梵高 重温他的艺术人生

▶ 保罗·高更 画向日葵的画家
布面油画 73cm×91cm 1888 现藏于荷兰阿姆斯特丹梵高美术馆

　　这就是高更眼中的梵高，似乎没有梵高自画像中的人物那般好看，只有那把红胡子看起来是属于梵高的。

　　接下来，我们可以对比高更的一幅自画像，看看和上一幅画中的梵高有多少相似之处。

　　这两幅画像中，除了那把胡子，高隆的鼻子、略显地包天的嘴也都有着几分相似。人们都知道梵高画了很多幅向日葵，却不知高更也十分喜爱向日葵，这应该是他们两人能走到一起的一个原因。

▶ 保罗·高更 有黄色基督的自画像
布面油画 38cm×46cm 1889 私人收藏

通过这两幅作品，我们多多少少能感觉到两人的相似之处，高更眼中的梵高，又何尝不是高更眼中的自己？在和梵高争吵时，高更都是以自我为中心。当然，单就吵架来说，梵高也是一位极端的自我主义者。

再来看看梵高眼中的高更是什么模样。

梵高为高更画这幅肖像时，高更应该正在作画。梵高把高更刻画成古巴军人的模样，红色贝雷帽、怪异的胡子、绿色大衣加上轻蔑的眼神。从中能看出高更是个有鲜明个性的人，他对梵高不会虚与委蛇，而是心直口快、口无遮拦，这也直接导致两人争吵不断，大动肝火。

▶ 梵高 戴红色贝雷帽的男人（人物原型为保罗·高更）
布面油画 37cm×33cm 1888 现藏于荷兰阿姆斯特丹梵高美术馆

　　曾经有传言说，在梵高死后的第八年，高更委托巴黎的朋友寄来一些当地的向日葵种子，种在了他在南太平洋大溪地的花园里。而后，高更画了很多幅向日葵，用以怀念他和梵高在法国南部阿尔一起度过的短暂时光。

第4节　艺术史上最著名的"耳朵"

1889 年 12 月 23 日是个周日，这天晚上，梵高割下了自己的左耳。

这件事的起因众说纷纭，德国汉堡大学学者汉斯·考夫曼认为，耳朵并不是梵高自己割掉的，而是被高更割掉的。

据说，高更来到阿尔之后，连着下了好几天的大雨，梵高和高更两人被困在黄房子里，出不了门。两人虽然惺惺相惜，但在绘画方面还是存在很大的分歧，争执不断。为了缓和彼此间不断升级的冲突，两人还去了附近的一家妓院消遣。梵高找到他的老熟人——一个被他叫作"鸽子"的女孩拉舍尔。

梵高已经有好几个月没有找过拉舍尔了。他原本就把大部分钱用在画画上，高更过来同住后，梵高的经济状况更加拮据。拉舍尔知道梵高没多少钱，于是就捏着他软软的、可爱的小耳朵开玩笑，让梵高把这只小耳朵送给她当礼物，梵高也一如既往地幽默风趣，笑着答应了。

从妓院回去后，百无聊赖的两人仍然不时争吵，结果吵得关系越来越僵。雨刚一停，高更就收拾东西，直接搬到外面的旅馆去住了。愤怒的梵高冲到旅馆，跟高更继续理论，两人又爆发了一场"暴风雨"式的争吵。

争吵完回到黄房子，梵高感觉遭遇了"背叛"，所有的愤怒直冲脑门，他感觉自己整个人都要"爆炸"了。失去理智的梵高随手抄起手边的一把剃刀，毅然决然地把自己的左耳割了下来。随着伤口喷出的鲜血，梵高的怒火消下去一些。他镇定地用纸把耳朵包好，来到他和高更去的那家妓院，找到了他熟识的那个妓女拉舍尔。

拉舍尔曾说过，如果梵高想要证明对她的爱，就把可爱的小耳朵送给她。梵高一直记着她的话，这次用行动满足了她这个心愿，也证明了自己是爱拉舍尔的。这份热乎乎、红艳艳的"小礼物"直接把拉舍尔吓晕了过去。梵高根本没去看倒在地上的拉舍尔，而是"帅气"地放下"礼物"，转身就走了。

第二天一早，梵高被警察发现晕倒在自己的家中，不省人事。梵高被送进了医院，年轻的实习大夫菲利克斯·雷负责处理梵高的伤口。但耳朵掉下来的时间太长，雷大夫已经无法将它缝回原处。

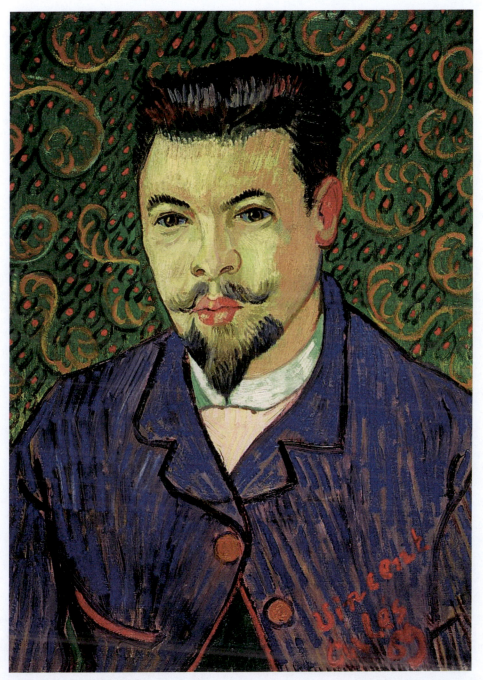

▶ 梵高 菲利克斯·雷医生的肖像
　　布面油画 64cm×53cm 1889 现藏于俄罗斯莫斯科普希金博物馆

　　高更闻讯赶来，忙给梵高的弟弟提奥拍去一封电报。提奥刚跟自己的女友乔安娜求婚成功，还来不及跟梵高分享喜悦就接到了这个消息，于是匆忙坐火车，连夜赶到阿尔。

　　梵高在医院躺了一个星期才恢复了意识。让人意想不到的是，他居然想不起一周前在自己身上发生了什么。也有人说，梵高只想忘掉自己的病，想让弟弟知道自己生活得很好。因此，他精神上的一时混乱，只不过是一次所谓的"艺术家式的短暂发疯"而已，没什么大不了。

　　梵高开始接受治疗后，高更就离开了阿尔。他觉得自己如果继续待在这里，只会加重梵高的病情。梵高割耳的举动把高更也吓到了，他不知道如何跟梵高相处，也不知道再这样下去，梵高还会有什么疯狂的举动。离开前，高更特别嘱咐警察要照顾好梵高，也向警察解释了自己必须离开的理由。

　　高更走后，就再也没有同梵高见过面。1890 年，高更曾答应梵高，要和他一起在安特卫普成立一个绘画工作室，但直到梵高去世，高更也没能兑现这个承诺。

　　阴郁的梵高为自己卧室的椅子画过一幅作品，但它不单单是一幅静物画。

　　在这幅画中，椅子的摆放与地板上的线条并不和谐，椅面上放着梵高几乎不离手的烟斗和烟丝。椅子周围并没有人物，只有孤零零的一把椅子。整个画面呈现出一种悲凉和孤寂的浓烈情绪。

　　从另一个角度来看这幅静物画，也可以将其理解为梵高的一幅自画像。这幅画中有梵高坐过的椅子、用过的烟丝、抽过的烟斗，但唯独不见主人的影子。这种衬托式的创作手法，把凄清渲染得淋漓尽致。

▶ 梵高 梵高的椅子

布面油画 93cm×73.5cm 1888 现藏于英国国家美术馆

▶ 梵高　高更的椅子
　布面油画　90.5cm×72.7cm　1889　现藏于荷兰阿姆斯特丹梵高美术馆

梵高和高更之间发生了太多的不和谐和冲突，梵高因此也预感到高更会离他而去。

高更离开后，梵高画了一幅高更椅子的静物画。这把椅子看上去明显比梵高自己用的那把要精致很多，可见梵高对高更用了多少心思。

在梵高心中，高更就像这幅作品中的烛灯，为在黑夜探索的他指明了方向。椅子上错位摆放的两本书象征着巴黎的艺术圈，这同样也预示了高更离开了阿尔，去了巴黎。物是人非，留给梵高的只剩下一盏烛灯和一把座椅。

很不幸的是，一个月后，梵高的病又复发了。这一次，他不得不接受自己有精神疾病这一事实。同时，他还必须学会应对自己大脑中奇奇怪怪的恐怖想法。

梵高这样定义自己的神经质："Mental or nervous fever or madness,I don't know quite what to say or how to name it."（精神或神经发烧或疯狂，我不知道该叫它什么。）

对于割耳这件事，还有一个阴谋论版的"传言"。据说是当时圣诞节快到了，高更花钱买通了那个叫拉舍尔的小妓女，想戏耍一下梵高。于是，拉舍尔便对梵高说："你要是给我五个法郎，我就好好接待你，或者把你可爱的小耳朵送我当圣诞礼物也可以。"

结果，梵高那天喝得晕晕乎乎，感觉五法郎太多了，他还要买颜料和画布，而自己的耳朵却是现成的。于是，梵高拿定主意后，便抓起一把锋利的剃刀利索地把自己的左耳割了下来。他借着酒劲儿，甚至顾不上血流不止的伤口，就用一张纸把割下的耳朵包好，送给拉舍尔。

到底是什么让梵高精神失常，以至于做出"割耳"这样骇人的举动呢？坊间有不同的猜测和观点，有些听起来确实很有些道理，但还是目击者的描述最有说服力。这位目击者就是高更。梵高同他在黄房子里共同生活、工作了两个多月时间——梵高邀请高更来和自己一起共同创作。同时，梵高也为自己设定了一个极高的创作标准。

高更比梵高大五岁，在绘画方面更有经验。梵高一边要保持自己固有的创作风格，一边还要向高更学习。因此，梵高承受着巨大的心理压力。

两人一开始的相处还算风平浪静，相处久了，两人的矛盾和冲突就日益凸显出来。梵高心理压力一大，就用酒精来麻痹自己，再加上他本身神经质的性格，受外界各种因素叠加的影响，以及大雨那天与高更产生了激烈争吵，酿成了这场整个艺术史上著名的悲剧。

很多人认为，梵高的创作灵感就是来自他的神经质和精神病。实际上，梵高一生的艺术成就并不是发病的副产品，只有在 1890 年春天的一小段时间里，他是在发病期间进行创作。

人们只是被梵高的异常举止吸引，却不曾关注他在绘画上付出过多么大的努力。梵高说过："The best consolation, if not the only remedy, is, it still seems to me, profound friendships."（在我看来，最好的解药，无非是深厚的友谊。）

梵高同弟弟提奥频繁地通信，这让他内心的苦闷得到不少缓解。尽管生活中有太多事情让梵高绝望，但他对美好生活的渴望，对生命的渴望，一直在激励着他不停地创作，不停地画。

耳朵上的伤口痊愈后，梵高还把自己缠着绷带的样子画了下来。彼时，他的精神恢复正常，已经接受了自己既成的样子。

在"割耳事件"发生的一个月后，梵高创作了这幅《包扎着耳朵的自画像》。从神态上来看，梵高的内心已经平静如常，这也是梵高留给后人的第一幅展现他在阿尔精神状态的自画像。

▶ 梵高 包扎着耳朵的自画像
　布面油画 60.5cm×50cm 1889 现藏于英国伦敦考陶尔德艺术学院

梵高 耳朵上扎绑带叼烟斗的自画像 ◀
布面油画　51cm×45cm　1889　现藏于美国芝加哥艺术协会

而到了这幅《耳朵上扎绑带叼烟斗的自画像》时，梵高已经不再受"割耳"事件的影响，可以悠然地叼着烟斗给自己画像了。他又重新恢复了平静，用深邃的目光注视着远方，似乎看到了未来在他面前又充满了希望。

爱吹牛的高更曾说，自己是巴黎唯一一个能嘴里叼着烟斗吹啤酒的人。不知道仰慕高更的梵高是否也模仿过高更叼着烟斗吹过整瓶的啤酒。

圣雷米:
超越印象派

第五章

● 第 1 节　落在大地上的太阳
——"向日葵"系列

　　在法语里，向日葵的意思是"落在大地上的太阳"，人们把向日葵看作光明和希望的化身。

　　梵高总共画过十一幅"向日葵"主题的作品，其中四幅是在巴黎画的。这四幅作品中的向日葵花都是平放的状态，有着鲜明的静物特征，看着就跟开败或是折下来的、没有生气的一样，也像是梵高为真正画向日葵而练习的习作。

▶ 梵高 四朵枯萎的向日葵
　布面油画 60cm×100cm 1887 现藏于荷兰库勒－慕勒博物馆

▶ 梵高 有两朵向日葵的静物画
　布面油画 43cm×61cm 1887 现藏于美国大都会艺术博物馆

▶ 梵高　两朵向日葵
　布面油画　50cm×60cm　现藏于瑞士伯尔尼美术馆

▶ 梵高　结籽的向日葵
　布面油画　21.2cm×27.1cm　1887　现藏于荷兰阿姆斯特丹梵高美术馆

那时的梵高，离自己和向日葵的彻底绽放，就差一个阿尔的太阳。于是他来到阿尔，激情创作了七幅向日葵作品。这七幅作品中的向日葵大多都插在花瓶中，原本死气沉沉的向日葵就像被点燃了一样，充满了生机和活力。

梵高拍着胸脯说："芍药是杰宁的，蜀葵是科斯特的，而向日葵则是我的。"梵高早就意识到向日葵这个独特的主题能引起大家的共鸣，所以提前锁定了这个"冷门 IP"。这种花平时并没有人在意，但梵高宣布了对"向日葵"的主权，别的大咖小咖就只能挑其他的了。

梵高是为了"向日葵"，也是为了自己的好朋友高更。梵高在阿尔写给妹妹的信中说：

> 此刻我正在画插在黄罐里的十二朵向日葵，接下来我打算用向日葵来装饰我的工作室，除了向日葵，什么都不要。我不介意走远一点，尽管这里不是平原，但是这一辈子我确实没见过真正的山呢。等高更来了的话，我们可以一起远足。

▶ 梵高 花瓶里的三朵向日葵 （第一幅）
布面油画 73.5cm×60cm 1888 私人收藏

　　《花瓶里的三朵向日葵》是梵高创作的第一幅"向日葵"作品，这件作品也被称为"无名向日葵"。在青绿色的背景中，绿釉的罐子里插着三支橙黄色的花朵。三朵向日葵处在不同的生长发育阶段，有着不同的性格和姿态。1948 年，这幅作品被借给美国克利夫兰艺术博物馆展出了一个月，之后这幅画就再也没露过面。虽然这件作品看起来并没有多么特别，但由于它"出道早、辈分高"，影响了梵高后面的创作。

▶ 梵高 花瓶里的五朵向日葵 （第二幅）
布面油画 98cm×69cm 1888 1945 年美国轰炸日本芦屋市时被毁（曾由山本顾弥太收藏）

在梵高创作的第二幅"向日葵"作品里，花瓶中插着三朵花，桌面上平躺着两朵。拿这幅作品和第一幅"向日葵"对比一下，就能发现：花瓶中插的三朵花是照着第一幅"向日葵"的姿态画的，最大区别是多了两朵"平躺"的花。

向日葵花有着金黄的颜色，为了方便称呼，我们姑且把第二幅"向日葵"叫"五朵金花"吧。"五朵金花"的背景用了忧郁的深蓝，桌面用了带点魔幻的紫色，再加上平躺的两朵花，这一切像是在预示着一种非同寻常的命运。反向借用一句名言，"蓝出于青而胜于青"。这也是这幅画神奇的地方，梵高在巴黎时期画的四幅"向日葵"都是躺着的静物，在阿尔画的七幅"向日葵"都是插在花瓶中的，唯独"五朵金花"里的这两朵是躺在桌子上的，这是为什么？梵高可能看到这幅画未来的命运了。

这就要从这幅画坎坷的命运说起了。也正是因为它曲折的经历，让这件作品变得格外珍贵。1920年，山本顾弥太受人委托用七万法郎（大致相当于现在的两亿日元，也就是一千四百万元人民币）从瑞士买回了这件作品。

"五朵向日葵"来到日本后，一共展出了三次。但直到最后，先前筹备的白桦派美术馆也没有了下文。于是，"五朵向日葵"就一直放在山本顾弥太在兵库县芦屋市的家里，作为装饰品陈列。

此后，"五朵向日葵"过了二十一年的安稳日子。直到1945年8月6日，被日本惹急的美国，对日本本土进行空袭，宝贵的"五朵向日葵"就在"阪神大突袭"中被烧毁。

这幅画虽然被火葬了，但庆幸的是，留下了"遗像"。后来，在一家日本博物馆的档案里，这幅画的"遗像"被发现了，照片中作品还带着橙色的画框，表明梵高提前为这幅作品设计好了最合适的画框。

1888年8月18日，梵高写给提奥的信中说：

啊！仲夏时，这里的太阳特别好。阳光直直打在头上，要是你，你肯定会疯掉的，这点我毫不怀疑。不过，我都已经疯了，所以干脆很享受。我正琢磨着用六幅向日葵的画来装饰我的工作室，这个方案是让纯粹或者混色的铬黄从各种背景上迸发出来——从最淡的韦罗内塞绿到品蓝的蓝色——用漆成铅橙色的木条做画框。效果就像哥特式教堂的彩色玻璃那种。

专门研究梵高的专家马丁·贝利说："他（梵高）把这个橙色的框架看作艺术品不可缺少的一部分。"

这样一来，你可能就明白阿尔的七幅"向日葵"里，梵高为啥偏偏只在这一幅中画了两朵倒下的花了吧……梵高真的是预言家吗？

三十五岁的梵高，在法国南部小镇阿尔创作了自己的第三幅向日葵作品，也就是珍藏在德国的这件作品。这时的梵高已经摆脱了印象派和新印象派的影响，走出了一条带有自己印记的艺术道路。

这幅作品用色简洁而明快，平静中有一种强烈的张扬性格。整幅画以浅色为主，大部分被黄色所占据。从上到下，色彩由浅入深，分成不同层次，再由作为背景的绿色进行衬托，让整件作品和谐而统一。视线以花朵中心为焦点，沿花瓣向四周伸展。梵高在处理这些花瓣的线条时，让它们充满扩张的欲望，犀利、尖刻，目的性十分明确，就像它们都在奔跑着扎向什么东西一样。

向日葵的花瓣看上去像是鬃毛倒竖的雄狮，或是被逗急眼的、毛发直立的猫狗，这些毛发都在任性地寻找着自己的攻击目标。

从梵高有力的笔触上，能感受到作品带来的旺盛生命力。作品用色简单且纯粹，作品活泼灵动，看得出来梵高在创作这幅画时心情不错、思路清晰，这也是他一生中少有的状态。

▶ 梵高　花瓶里的十二朵向日葵　（第三幅）
布面油画　92cm×72.5cm　1888　现藏于德国慕尼黑新绘画陈列馆

▶ 梵高 花瓶里的十五朵向日葵 （第四幅）
布面油画 92.1cm×73cm 1888 现藏于英国伦敦国家画廊

1888 年 8 月 27 日，梵高在给弟弟提奥的信中说：

> 向日葵的画尚在进行中：我还画了一束十四朵的花，以黄绿色为背景，基本上跟之前那幅榅桲果和柠檬的画效果一样，但是尺寸略大——三十号画布，不过向日葵画起来更简单了。

第四幅明明画了十五朵向日葵，并且在梵高所有的"向日葵"作品中，没有一幅是十四朵花的，为啥梵高要这么说呢，难道他又是在预言什么？我们不得而知。梵高随口说了这么一句，不要紧，但这让后世的许多研究者一直为这件事抓狂，这也使这幅画成了"向日葵"系列中最知名的一件作品。

这幅作品"十五朵金花"是在"十二朵金花"的基础上"加了三朵金花"。当然了，虽是这么说，但也能很容易地看出来，梵高并不是多画了三朵花那么简单。

17 世纪以来，荷兰一直固守着传统的花卉绘画风格，而梵高的这幅画中充满活力的色彩，反映着变迁的时代，彻底改变了长久以来荷兰刻板固化的绘画风气。

在完成上面四幅"向日葵"后，梵高又画了三幅改版作品。第五、第六幅是第四幅的改版，第七幅是第三幅的改版。

▶ 梵高 花瓶里的十五朵向日葵 （第五幅）
　布面油画　100cm×76cm　1888—1889　现藏于损保日本东乡青儿美术馆

▶ 梵高 花瓶里的十五朵向日葵 （第六幅）
　布面油画 95cm×73cm 1889 现藏于荷兰阿姆斯特丹梵高美术馆

梵高　花瓶里的十二朵向日葵　（第七幅）
布面油画　92cm×72.5cm　1889　现藏于美国费城艺术博物馆

　　珍藏在美国费城的这幅《花瓶里的十二朵向日葵》是德国慕尼黑那件作品的变体。猛一看，两幅画就像是从一个模子里刻出来的一样。实际上，梵高并没有清闲到临摹一幅自己的作品，即便精神有问题也不会干出这种事来。

　　费城的这件作品并不是简单地复制，而是对向日葵作出了新的诠释，赋予了每朵花个性鲜明的特征。

　　梵高曾经在矿区做传教士期间，由于自己太为矿工着想，把自己的钱和房子都给了劳苦的矿工，导致自己的生活过得比矿工还惨。教会觉得梵高丢尽了他们的脸，于是把他开除，他也曾对上帝失望过。即便是这样，梵高依然是一名虔诚的基督徒。

在梵高的"向日葵"系列作品里，没有十三朵的作品。在基督教文化里，"13"是个不吉利的数字。

梵高用十二朵向日葵花象征基督的十二门徒，他把南方画室成员的人数也定为十二人，加上他自己和弟弟提奥，一共是十四人。为了这一设想，他也画过十四朵向日葵的作品。

说到最后两幅"向日葵"，就又不得不提梵高的密友高更了。

梵高邀请高更到阿尔加入自己的南方画室，高更接受了邀请，但答应得有点儿勉强。因为当时他的生活过得有点儿惨，没更好的选择。到梵高那里，他好赖还能边蹭吃蹭喝，边画画，多美的一件事！

那时，梵高正在创作第三幅和第四幅"向日葵"，好等高更来了，装饰他朴素的卧室。研究梵高的专家马丁·贝利说："梵高为高更的卧室画了几幅向日葵，他想以此为诱饵，把高更从布列塔尼勾引过来。"

梵高知道高更特别喜欢向日葵，他投其所好这招成功地让高更来到了阿尔。据作家马丁·盖福德说："这些向日葵让高更惊讶不已，他好多次向梵高索要'向日葵'作品。多年后，居住在南太平洋的高更也画了一些向日葵，并以此向自己曾经的室友致敬。"

1888 年 8 月 14 日，梵高在给提奥的信中提到了画上签名的事：

我早先还在画布上签名，但是很快就不这么做了，因为感觉很荒唐。不过，在一幅海景画上我签了一个浮夸的红色名字，因为那时我想在绿色中间加一点儿红色。

能看得出梵高的版权意识有多么强，顺带着也在保护"向日葵 IP"形象。

但在阿尔画的七幅画中，只有第一、第二、第五幅没有签名。虽然梵高觉得签名这事荒唐，但也不是不可以做。可能主要看梵高的心情，也看作品中是不是缺少什么色彩吧。

● 第 2 节　自带动图效果的《星夜》

1889 年 1 月 28 日，梵高在给弟弟提奥的信中说道：

　　如果这只是一个疯子的作品，那可真糟糕。我也没法子。

　　梵高明白自己的精神状态，他似乎接受了自己是个疯子，并引以为荣。因为他也左右不了自己的精神，只得任由其发展。但梵高也有一种控制自己情绪的方式，就是小时候母亲教过他的一招——专注在某一件事上。

　　1889 年 5 月 3 日，梵高在信中跟弟弟提奥说：

不管怎样，不论发生什么，不论我身在何处，画画总能让我长时间地投入其中，也许这还可以为我谋些生计。

就这样，梵高越画越投入，越画越痴迷，结果还是把自己画崩溃了。1889年5月8日，梵高第二次精神崩溃后，住进了离阿尔二十五千米远的圣雷米精神病院接受治疗。负责给梵高治疗的医生是懂他的，允许梵高白天到外面写生画画。于是，梵高住院一个月后，创作出了《星夜》这幅画，画面下方的村庄就是圣雷米。

从整体效果上看，《星夜》大部分用了同样粗细的线条。每一条线条都紧密而有序地排列着，它们在"梵高的磁场"中都有着自己的理想和目的。

占据画面三分之二的星空，看起来就像从左到右前进着。每一条短粗的线条清晰而有力，梵高用强悍的力道让满天的星月和夜空旋转着前进。除了房子和直插夜空的教堂，所有的线条都向后卷曲着，越卷越高。

夜空中挂着耀眼的月亮，看起来如太阳般明亮。天上闪烁着的十一颗星星，被自己旋转的星光包围着。在大团卷曲旋转的云彩的搅动下，整个夜空更加灵动。

画面左侧的丝柏，旋转着向上延伸，像一簇火焰燃向天空，这象征着梵高孤寂而充满热情的灵魂。下面圣雷米的街道和房屋静静地沉睡，衬托着变化无穷的夜空。

可能也只有梵高能在画布上画出动图的效果吧，其实梵高这种"磁场画法"本身就可以呈现出动态的效果，再加上一点点观者的想象，整个画面自然而然就会动起来。

短促线条画法的灵感来源于点彩派；粗线的轮廓画法来自同居过的高更；明亮色彩的使用是受在巴黎时期的影响，也受阿尔耀眼太阳的影响；基于写实但又夸张和想象的风格，不用说，这就是印象派的本质。

但这些都只是给梵高带来了灵感，梵高并没有把这些照搬过来，而是在融合了这些技巧和风格后，创造出了只属于自己的表达。

▶ 梵高 星夜
布面油画, 73cm×92cm 1889 现藏于美国纽约现代艺术博物馆

梵高的"星空"系列，除最著名的《星夜》外，就属这幅《罗讷河上的星夜》了。

梵高黄房子的不远处就是罗讷河岸，因为离家近，梵高不用担心在河边待得太晚，回去不安全的问题。

梵高对这幅作品也很重视，他给自己的好朋友尤金·博赫写的信中就附带过这幅画的草图，尤金·博赫就是梵高这辈子唯一的买家——安娜·博赫的哥哥。梵高还在写给提奥的信中提到过这幅画：

> 这是一件小作品……天空是浅蓝色的，而水面是深蓝色的，地面是草绿和湖蓝色的。整个城市散发着深蓝色的光彩，煤气灯发出黄色的光，呈现出金色到绿色的过渡。天空中的大熊星座带着粉绿色的光芒，在金色的煤气灯灯光的映照下，显得有点苍白。前景处有两个闪着彩色光的恋人。

▶ 梵高　罗讷河上的星夜
布面油画　72.5cm×92cm　1888
现藏于法国巴黎奥赛博物馆

　　提到大熊星座，你可能有点儿陌生。但要说北斗七星，估计你一眼就能看出来了。实际上，北斗七星隶属于大熊星座。整个大熊星座有一百多颗肉眼可见的星星，而其中六颗最亮的星星都是北斗七星的组成部分。因此，北斗七星看起来最显眼。

　　有趣的是，大熊星座中存在着一个太阳系，其中有一个类似于太阳的恒星，还有两颗在圆形轨道上绕恒星运转的行星。天文学家说，在已发现的所有太阳系中，这是和人类所在的太阳系最相似的一个，其中可能存在与地球环境相似的行星。

　　但这些信息都是人们最近几年发现的，梵高在创作这幅画的时候可还不知道这些信息。可能是因为一年四季都可以看到大熊星座或北斗七星，梵高就把大熊星座画进了这幅《罗讷河上的星夜》。

　　通俗点来说，梵高表面上画的是夜晚的星星，实则却画出了一个"太阳"——一个与真实的太阳最相近的太阳。而《星夜》中明亮的新月，猛一看上去就像是光彩夺目的太阳。两幅黑夜的画作却暗含着太阳的光芒和能量，你可以说这是缘分、巧合，但也可以说这是梵高所追求的色彩和力量。

　　从这两幅"星空"的作品中，我们能深刻感受到梵高对色彩的喜爱和把控。敏锐的梵高很享受从夜景中捕捉有趣的色彩，梵高的想象力和创造力并不是凭空而来的，而是根据自己对现实的观察。他能抓住细微的光亮，就算是河岸边微弱的灯火，他也不会刻意忽略，而是把这些光亮用色彩呈现到作品中。

　　在这两幅星夜作品中，梵高的表现并没有夸张到离谱，而是给人一种恰到好处的自然和神奇。

　　1889 年 10 月，梵高写信告诉弟弟提奥：

　　　　比较奇怪的是，当你花时间跟他们相处，并且习惯了他们之后，就不再觉得他们是疯子了。

　　梵高同精神病人在一起时间久了，感觉自己变"正常"了。

● 第 3 节　盛开的"庆生"杏花

在淡蓝色天空的映衬下，如雪的杏花悄然开放，虽然看不到几片树叶，却能感到浓浓春意。春天，一个孕育新生命的季节，万物的生发源于此时。

提奥的孩子——梵高未来的侄子即将出生的时候，梵高写道：

　　我要给他画一幅画作为生日礼物，用来装饰他的房间，画上要有盛开的杏花和蓝色天空。

133

梵高 盛开的杏花
布面油画 73.5cm×92cm 1890 现藏于荷兰阿姆斯特丹梵高美术馆

这幅《盛开的杏花》，是梵高送给弟弟提奥和弟媳初为父母的贺礼，当然最主要的是送给刚出生的小侄子文森特的礼物。由于饱含温情，这幅画可以说是梵高绘画生涯中最温柔的一幅作品。

关于梵高这个刚出生的小侄子为什么跟梵高同名，提奥在写给梵高的信中说出了其中的原因："就像我们告诉你的那样，我们将以你的名字为他命名。而且我许下愿望，希望他能像你那样意志坚定、英勇无畏。"

看到提奥的来信，梵高高兴得简直要飞上了天，马上动笔开始画这幅画。

1890年2月20日，梵高在给母亲的信中说：

其实我觉得，我更高兴提奥用父亲的名字而不是我的来为他儿子命名。我已经开始画一幅画了，可以挂在婴儿的卧室里：大幅的白色杏花盛开在蓝天下。

1890年4月，梵高在给提奥的信中，讲了《盛开的杏花》的创作进展：

工作进展不错——很快你就会看到这幅油画，盛开的杏树枝条。这也许是我迄今最好、最细心的作品，作画时我感到很平静，下笔也没有丝毫的犹疑。但是第二天，我又感到精疲力竭了。

能看出来，梵高还没创作完，就对这幅画十分满意。这简短的几句话就让人感受到梵高马上要有一个亲侄子的兴奋心情，这可能是梵高一生为数不多的开心时刻，或者可以说，这是他有生以来最开心的时刻，而美丽的心情总会带来满满的信心。

1890年4月30日，梵高给提奥的信中有这样一句话：

画杏花的时候我病倒了。如果那时能继续画，你就知道我其实应该多画一些处于花期的树。现在树上的杏花已经快掉完了，我真是不走运呀。

梵高在这幅画上花费了大量的时间和精力，即使他连自己的健康都不顾了，他还是觉得自己应该再努力些。他这样一个憨人，为了自己心爱的人和事，真的是可以付出自己的生命。

● 第 4 节　此生唯一卖掉的"葡萄园"

　　1888 年 6 月，三十五岁的梵高到离阿尔不远的滨海圣玛丽度假，他在那认识了一个叫保罗 - 尤金·米利特的法国轻步兵中尉。这个中尉喜欢画画。于是，没那么忙的梵高，就会抽时间给中尉讲一些绘画的技法。

　　梵高通过中尉认识了一个比利时的画家——尤金·博赫。梵高与博赫两人脾气相投，很聊得来。即便如此，他们两个人总共也没见过几面，但这并不妨碍博赫的妹妹安娜·博赫对梵高的崇拜。

后人之所以会记下这段小故事，记住安娜，是因为她是梵高有生之年唯一的一个买家。1890 年 3 月，在梵高自杀前四个月，安娜当时以四百法郎的价钱（大概相当于现在的一千美金），在布鲁塞尔的一个展览上买下了梵高的《红色葡萄园》。可以说，安娜是第一个用实际行动认可梵高艺术的人。

梵高对售卖的这一价格并不满意："与其他价格相比，这个价格算是低的了。"

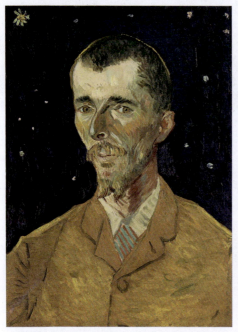

▶ 梵高 尤金·博赫肖像（梵高一生唯一买家的哥哥）
布面油画 60cm×45cm 1888
现藏于法国巴黎奥赛美术馆

▶ 提奥·梵·里斯尔伯格 安娜·宝赫肖像
（梵高一生唯一的买家）
布面油画 95.2cm×64.8cm 约 1893
收藏地不详

1888 年 10 月 28 日那天傍晚，梵高与高更悠闲散步时，偶然发现了这片葡萄园，那会儿是高更刚来阿尔找梵高的第五天。普罗旺斯当地每年 9 月份通常是葡萄采摘的时间，但梵高和高更到阿尔的那年，葡萄却成熟得很晚，不知道为什么，应该是为了迎合这两位大器晚成的大师吧。

梵高二十七岁开始画画，高更二十五岁拿起画笔，"同病相怜"的哥儿俩遇上了当年同样晚熟的葡萄，一种相见恨晚的知己情愫油然而生。

1888 年 11 月 6 日，梵高在给提奥的信中聊过红色葡萄园的事：

> 如果你周日来这儿，就会看到红色的葡萄园——如同红酒一样的红。远远看去就变成黄色、绿色的天空和太阳，雨后的田地是紫罗兰色的，落日的反射让田野闪烁着零星的黄色光芒。

这红酒一般的葡萄园怎么看怎么像是一片火红的辣椒地，从画中能感受到被阿尔猛烈太阳照射的梵高，有着一腔火辣热情。

尽管梵高喜欢背着画架子在野外画画，但这幅画却是他回到自己的画室，用自己的想象完成的。高更鼓励梵高要画出创意和想象，两个人画得都各有风格。两人散步回来后，一边喝着普罗旺斯当地火红的葡萄酒，一边亲密地讨论着应该如何用画笔记录下这一园的"知己葡萄"。

如果细看这幅画，能发现很多有意思的地方：画面右边光亮弯曲得像是一条河，但它实际是一条路。由于刚下过雨不久，路面未干，在太阳的照射下，地面反射着耀眼的光，就像波光粼粼的河面。

《红色的葡萄园》局部：像河面的小路

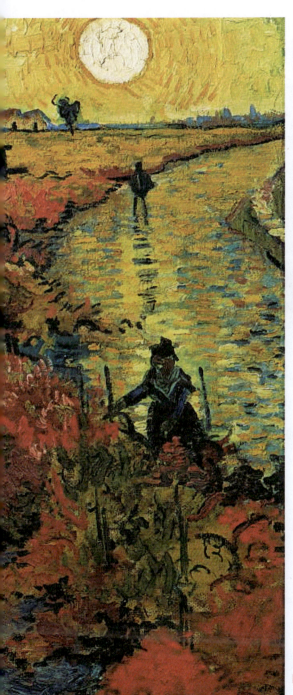

▶ 梵高 红色的葡萄园

布面油画　75cm×93cm　1888
现藏于莫斯科普希金造型艺术博物馆

收藏这幅画的普希金博物馆用现代科技手段对《红色的葡萄园》进行了专业的分析，还原了梵高在画这幅画时诸多重要的细节。太阳和天空的一部分色彩是用颜料管子直接把颜料挤到画布上的，梵高甚至还会用手把颜料抹平，我们姑且管这种朴实、原始的画法叫"徒手挤牙膏画法"吧。这种画法对穷梵高来说再合适不过，省了不少画笔钱，但似乎又有点费颜料……

▶ 《红色的葡萄园》 局部：用"徒手挤牙膏画法"画的太阳和天空

普希金博物馆还分析出梵高对这幅画进行过修改。站在马路中间的男人原本是一位戴着帽子、穿着白上衣和裙子的女人。很可能是梵高已经对女人和爱情失望至极，并且高更已经来到他身旁，于是他果断把"让人失望的女人"换成了"带来希望的男人"。

同梵高一起散步的高更画了一幅名为《阿尔的葡萄酒丰收》的画，证明了两人之间妙不可言的关系。起初，高更给这幅画起过一个悲情的名字——《人类的苦难》。

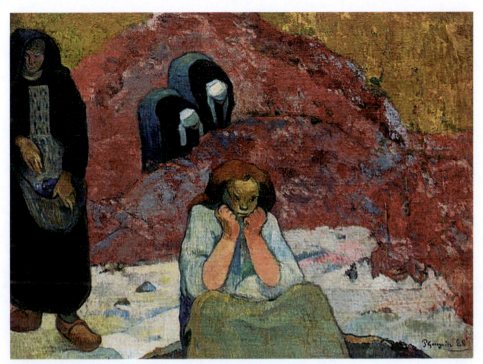

▶ 高更 人类的苦难（阿尔的葡萄酒丰收）
布面油画 73cm×92cm 1888 现藏于丹麦奥德拉普豪美术馆

　　有时人们很难理解像梵高和高更这类印象派画家的想象力，这幅《人类的苦难》把茂密的葡萄藤蔓画成了红色的"柳絮"。当然，他们最擅长的就是给人们营造一种印象和感觉。

　　画面"C位"是一个忧郁而胆怯的女人，眼角上挑，看起来并不像普通的女工。没错，她的"来头"确实有些吓人。高更画这个女人的灵感来自巴黎的人类博物馆摆放的一件扭曲的秘鲁木乃伊。高更这种把死人画活了的手法，让了解内幕的人都会吓一跳。

　　当我们已经知道了这些信息，再看画面左侧穿深色衣服的女工的表情时，就很难不会联想，甚至会觉得她像一个从墓地里出来的幽灵，在暗中保护着那个胆怯的女人。

后世有人分析说，安娜买下《红色的葡萄园》不只是因为自己的确喜欢这幅画，她也是想让喜欢画画的哥哥高兴。另外，更重要的一点是她想伸手帮一把穷困潦倒的梵高。安娜将这幅画珍藏在家中，凡是好友来访，她都会自豪地谈论起这幅"火红的葡萄园"画。

大概买下这幅画十六年后的1906年，安娜以一万法郎的价格把《红色葡萄园》卖给了一个俄罗斯商人，安娜赚了二十四倍。这很能说明一个问题：真正能赚钱的人往往不自知，而以赚钱为目的的人往往一无所获。

由于收藏这幅画的商人是俄罗斯人，因此到了1948年，这幅画被转到莫斯科普希金造型艺术博物馆，成为这里珍贵的藏品。

来到博物馆，这幅画被装进一个华美的金色画框里，因此更显光彩夺目。如果梵高当时还健在的话，看到自己心爱的画被装进一个花里胡哨的镀金框子里，一定会气得红胡子都翘起来。

1888年11月10日，梵高在给弟弟提奥的一封信中提过这幅画画框的事：

　　　　将简单的木条钉在拉伸框架上并上漆。

梵高甚至还特意用心为这幅画的画框样式画了一张草图，就怕别人把他这幅心爱的画轻易给糟蹋了。果不其然，真是怕什么来什么，最终这幅画还是被无情地糟蹋了。

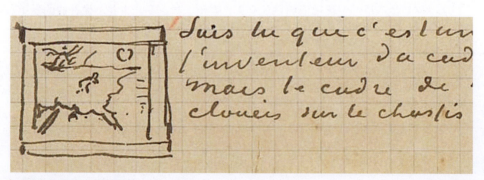

▶ 梵高注明画框样式的亲笔草稿

奥维尔：
临终的高光

第六章

扫码了解

· AI 梵 高
· 人 物 传 记
· 艺术史赏析
· 画 作 共 创

● 第1节 史上最昂贵的"医生"

在梵高的生命中，有一个人不得不提，那就是加歇医生。

第一次听到加歇医生的名字时，梵高还在圣雷米精神病院里，彼时他收到弟弟提奥寄来的一封信，信上用很欢快的口吻写道：

最近我认识了一个很讨人喜欢的人——加歇医生。他家就在瓦兹河边的奥维尔，那里离巴黎只有一小时的路程。从杜比尼以来的每个知名画家，都曾在那里画过画。他说已经完全了解了你的病情，无论什么时候，只要你愿意去奥维尔，他都愿意悉心照料你。

奥维尔就在巴黎附近的瓦兹河畔。1890年5月21日，梵高搬到了奥维尔，开始接受保罗·费尔南德·加歇医生的治疗。

在整个医疗领域，加歇医生一直默默无闻，只不过是个十分普通的医生，但因为治疗了举世闻名的"病人"梵高，加歇也得以名垂千古。

加歇医生出生于法国北部一个实业家的家庭，他从小喜爱画画，迫于父母之命，最终走上了学医的道路。但加歇医生并没有放弃自己的爱好，即便成为职业医生后，他仍然利用业余时间画画，并且会在自己创作的作品上留下"保罗·范·瑞塞尔"的签名。可惜的是，他的绘画水平一直平淡无奇。

加歇医生在当时的艺术圈很有名气，当时的很多印象派画家都是他的好朋友，这些朋友中便有塞尚和毕沙罗。加歇医生时常会对这些穷困潦倒的年轻画家施以援手，而那些年轻画家们便会将自己的作品赠予他，以此作为答谢，加歇医生也从不拒绝这种报答方式，都会欣然接受。后来，加歇医生把他手中所有的绘画作品都捐献给了自己的国家。其中，最为出名的当数下面这幅由梵高创作的《加歇医生像》。

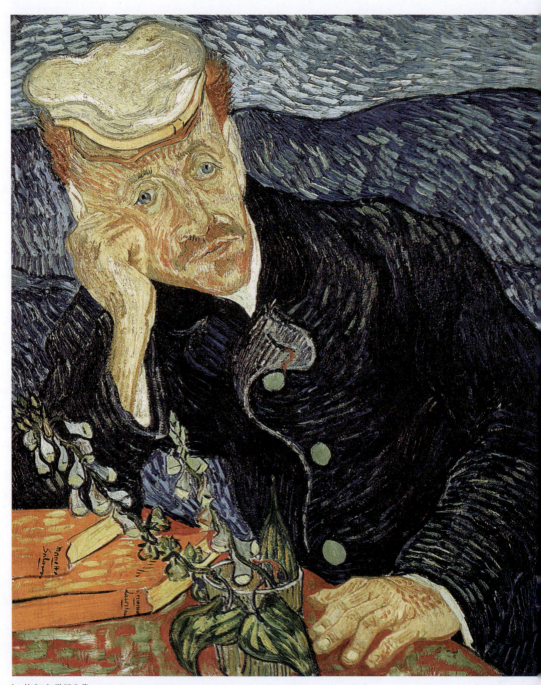

▶ 梵高　加歇医生像
布面油画　67cm×56cm　1890　私人收藏

后人曾无数次深挖和解读这幅画作，但再多的解读，都不如梵高自己亲口所言更接近真实——对这幅画的创作过程，梵高曾和妹妹提过不止一次。

1890 年 6 月 5 日，梵高在给妹妹的信中提到了这幅画，他如是写道：

在加歇医生的画像中，面部是砖红色，那是被阳光炙烤过的痕迹。红色的头发，白色的帽子，背景由蓝色的远山环绕，衣服为群青色，这样更能突出面部，让砖红色的脸显得有些泛白。他的手像是妇产科医生的手，比面部更白皙。在他面前的花园红色桌子上，有几本黄色封皮的小说和深紫色的毛地黄。

▶ 书信原稿

1890 年 6 月 12 日，在给妹妹的另一封信中，梵高又一次说道：

我为加歇医生画了一幅表情忧郁的肖像，看到画的人估计会说他有一脸的苦相。尽管如此，我还是要这么画，因为相比于前人冷漠淡然的肖像画，我们应该意识到，当下的人物面部的表情是多么丰富，情感是多么强烈，比如热切期盼，抑或一种怀旧情愫，伤感而温柔，但又明朗、睿智——很多肖像画就应该这么画呀！

梵高的作品总能超脱于画作本身，传递一些更深入的信息和情感。如果再进一步剖析《加歇医生像》这幅画，你能否看出它与下面这幅梵高《自画像》的相似之处？

连梵高自己都不得不承认，不管是从作品整体的构图，还是从颜色的使用上来看，他为加歇医生画的这幅肖像画，跟自己一年前画的最后一幅《自画像》都是那么类似。

梵高自己亲口跟弟弟提奥讲过他的创作初衷——

1890 年 6 月 3 日，梵高在信中跟弟弟说：

> 我在画加歇医生的肖像——戴着顶白色的帽子，很精致，颜色很浅，双手也是明亮新鲜的色彩，一件蓝色的燕尾服，钴蓝色的背景，他倚靠在一张红桌子上，上面有一本（可能是梵高的笔误，作品上为两本）黄色的书以及一株开着紫色花朵的毛地黄。与我来这儿前画的那幅自画像一脉相承。

▶ 书信原稿（部分）

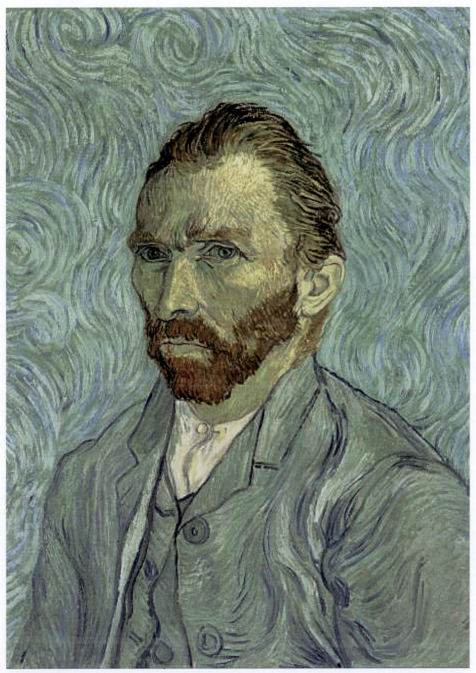

▶ 梵高　自画像
布面油画　65cm×54cm　1889　现藏于法国巴黎奥赛博物馆

可能这时你脑子里会有一堆问号：这两幅画到底哪里相像？

如果单从表面上来看，确实很难看出来——这明明就是两幅画呀！但如果深入体会一下这两幅画作所表达的情绪和情感，不难看出它们的高度一致性，你能感受到这种情绪吗？

没错，就是所谓的情绪和情感，这两幅画中都带着一种忧郁。梵高和加歇医生都有着对艺术的不懈追求，以及一点儿在世人看来"神经质"的东西。

1990年5月15日，在纽约克里斯蒂拍卖行举办的拍卖活动中，这幅《加歇医生》以八千二百五十万美元的高价成交，买家是日本第二大造纸商斋藤良平。这个价格在当时创下了艺术品拍卖价格的世界最高纪录，并且这个纪录一直保持了长达十四年的时间。

在创作这幅画的时候，梵高写过这样一句话：

> 人们也许会长久地凝视它，乃至在百年后，仍会带着渴望的念想追忆它。

梵高当年说过的话，如今应验了——这幅画自创作完成到拍卖成交，恰巧历时一百年。

在创作加歇医生的画像时，梵高曾一连几天站在画架前，不知疲倦地进行创作。在加歇医生的照顾下，梵高的病情稳定下来，获得了精神上的安宁。加歇医生像照顾孩子一样呵护着梵高，他也是当时极少数对梵高作品评价极高的人之一。正是因为得到了肯定，梵高对加歇医生有一种类似亲人的依恋。

梵高的作品《向日葵》曾被高更批判得一文不值，加歇医生在看过这幅作品后却对提奥说："你哥哥是一位伟大的艺术家。在过去的艺术史上，从未有过什么东西是跟那些向日葵的黄色一样的。单凭这些油画，你哥哥就足以名垂千古。"

加歇医生坚信梵高的才华，正如亚里士多德所说的一句名言："但凡优秀的人都不可避免地是半个疯子！"在加歇医生看来，那些优秀的画家之所以能创作出杰出的作品，大多由于他们沉浸其中，在创作中处于半疯的状态。对画家来说，

"疯"是再正常不过的一件事。

　　人生难觅一知己，梵高和加歇医生两人可以说是惺惺相惜。在梵高看来，加歇医生和他一样，精神也有点儿不正常。梵高刚下火车，加歇就神经质地表现出极大的热情，这多少让梵高吓了一跳。直到后来，加歇医生那张一直悲伤的、看起来僵硬的脸上露出了一丝笑容，梵高才感觉这人还算不错，可以交往，这才决定要为他画一幅肖像画。

▼ 梵高　加歇医生像
布面油画　68cm×57cm　1890　现藏于法国巴黎奥赛博物馆

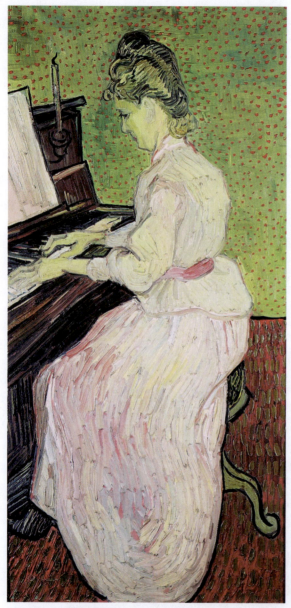

▶ 梵高 弹钢琴的玛格丽特·加歇
布面油画 102cm×50cm 1890 现藏于瑞士巴塞尔艺术博物馆

梵高经常会去加歇医生家里，因此跟加歇一家的关系都很好，特别是跟加歇的女儿玛格丽特·加歇相处得特别融洽。有传言说，梵高爱上了玛格丽特，却遭到了加歇医生的坚决阻止。加歇医生虽然极度欣赏梵高的作品，但是他绝对不允许自己的女儿嫁给这样一个"疯子"，即使这个"疯子"是个天才。

梵高为玛格丽特画过两幅画，左面这幅画作便是其中之一。

终其一生，玛格丽特都没有嫁人。但梵高为她画的这幅《弹钢琴的玛格丽特·加歇》，在玛格丽特房间里挂了长达四十四年的时间。一直到梵高去世后，玛格丽特还时常带着鲜花到他的墓地去祭奠他。

▶ 梵高 花园里的玛格丽特·加歇

布面油画 46cm×55cm 1890 现藏于法国巴黎奥赛博物馆

　　《花园里的玛格丽特·加歇》是梵高为玛格丽特创作的另一幅画。画中的这座花园位于瓦兹河畔的奥维尔，那里的风景非常漂亮。梵高在创作这幅画时，显然内心是宁静而喜悦的，他把景色之美同玛格丽特之美融为一体，整个画面显得明媚、欢快，玛格丽特就像是花园里的一朵黄白色的鸡蛋花，非常温馨和谐。

　　梵高对一切美的人和事物都有一种执着的追求和向往。在这幅作品中，红与绿、冷色与暖色等表现得恰如其分。梵高运用色彩之间的对比关系，让景物和人身上美的效果更加突出，最后呈现出的效果甚至超越了现实中的美。

梵高很擅于将看似毫无关联的人或物融合在一起，他就是按照这个理念在进行创作。这幅画中，他把美丽的玛格丽特融入漂亮的花园中，把自己欣赏到美时的喜悦之情融入作品的色彩中。

梵高很早就运用过这种创作手法，之前他创作过一幅《播种者》，跟《花园里的玛格丽特·加歇》有异曲同工之妙。

在《播种者》中，梵高把播种者融入脚下的大地，把光芒万丈的太阳融入播种者的身体，把自己对劳动者的敬仰和喜爱之情融入色彩中，让整个画面看起来更加和谐统一，主题也更加突出。

梵高很偏爱这种创作手法，跟这两幅画类似的作品，还有下面这幅《星空下的道路与柏树》。这幅作品完成于 1890 年 5 月，现在被收藏在荷兰库勒 — 穆勒博物馆。

在这幅画中，梵高新的创作手法也得以充分展现：画面中心的黑色丝柏又高又直，似乎要顶破画框，长长的道路，遥遥可见的阿尔卑斯山，一家三口的客栈，窗户中隐隐透出柔和的橘黄色柔光。整个背景显得非常平静。路上的一辆黄色两轮马车，白色的马，马车中坐着的人，两个走夜路的行人，让画面更加灵动。

这幅画很柔和，有着那个时期特有的纯净和浪漫：蓝色的天空中，能看到匆匆掠过天际的云朵。玫瑰色与绿色完美融合，在头顶闪着迷人的柔光。星光和月光虽然夸张，却与整个画面异常和谐。

1890 年 6 月，梵高在写给高更的信中提到了这幅画，他在信中说道：

夜空中暗淡无光的月亮，纤细的新月从地球投射到月亮的不透明阴影中露出来，而星光则出奇地明亮，在群青色的夜空中闪着温柔的粉色和绿色光芒，云朵匆匆经过。画的底部有一条路，沿路是黄色的高大植物枝干，掩映着阿尔卑斯的蓝色山麓，一家老旅店的窗子透出橙色的光，一株高大笔直的柏树颜色暗淡。路上一匹白马拉着一辆黄色马车，马车前方有两个人走着。你会觉得非常浪漫，这是非常典型的普罗旺斯风情。

正如梵高所说，暗淡的月亮还没有星光明亮，星光洒下的光辉，把高大的植物涂成了黄色，把马车涂成了金黄色，把蜿蜒的小路描画出条条金线。

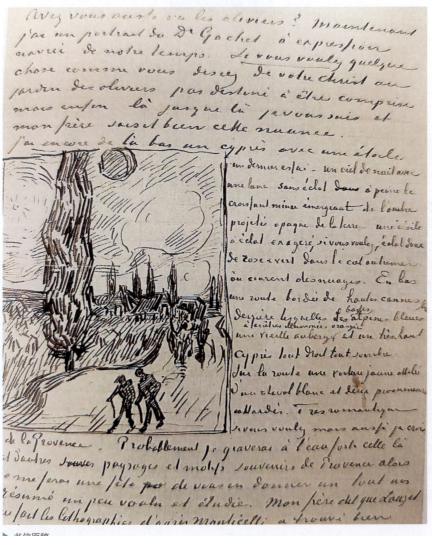

▶ 书信原稿

▶ 梵高　星空下的道路与柏树

布面油画　92cm×73cm　1890　现藏于荷兰库勒－慕勒博物馆

▶ "东风夜放花千树"

梵高用点彩和自己发明的"磁场画法"，把星光和夜空画出了放烟花的效果，呈现出了"东风夜放花千树"的迷人场景。

▶ "星如雨""玉壶光转"

星光旋转，如同落雨。

看到这样的画面，是不是有一种放烟花庆祝的感觉？没错，梵高用这种旋转的"磁场画法"，让静态的画面动了起来，呈现出了动图的效果。

● 第 2 节　预示死亡的麦田群鸦

　　自从知道自己患有精神疾病后，梵高便一直担心自己的精神状况，唯恐哪天会突然失去理智，甚至再也不会恢复正常。如果这样的话，自己将彻底成为弟弟的负担。他不想变成这样的病人来拖累弟弟，于是他送给加歇医生两幅画，希望能得到明确的答案。

　　加歇医生很诚实地告诉了他真相：癫痫病人经过几次急性发作后，就会彻底失去理智，再没有恢复的可能。

听到这样的答复，梵高彻底失去了活下去的希望。他想要主宰自己的命运，而不是永远失去理智，变得疯疯癫癫，靠他人照顾，甚至影响弟弟提奥的正常生活。

于是，梵高暗自做了一个决定……

得到医生答复的第二天中午，梵高背着画架走进一片黄澄澄的麦田。这时，天上突然飞过很大一群黑鸟，鸟群遮天蔽日，像是一团乌云笼罩在头顶，让人透不过气来。梵高迅速将这个让人感觉痛苦压抑的场景画了下来，就是下面这幅《麦田上的群鸦》。

▶ 梵高 麦田上的群鸦
布面油画 50.5cm×103cm 1890 现藏于荷兰阿姆斯特丹梵高美术馆

有关生死的话题总是人们最大的关注点，因此，在梵高的作品中，《麦田上的群鸦》是被解读最多的。

有些人认为，这是梵高在画布上画出来的"遗书"，有的人主张脱离外在主题，从积极的角度来审视作品；还有评论家主张，可以将这幅作品的图像解读为一种潜意识中的特殊语言。

这幅作品被认为是梵高的最后一幅作品，更确切地说，这幅作品是预示梵高死亡的作品。对梵高有所了解的人都能从这幅画中看出点什么——没错！乌鸦本就是不吉的象征。况且，铺天盖地的乌鸦突然出现，定是有什么原因，而这一现象，对梵高当时本就消极的内心起到了助推作用。

天空之上，夕阳未落，新月已升。在深蓝天空的映衬下，日月抢夺着最后的余晖。麦田空旷，别无他物，只有三条小路将麦田分成两块。小路由近及远，逐渐变窄，而两块麦田呈倒三角形，由近到远，逐渐开阔。群鸦同金黄的麦田一样，零乱地上下纷飞，由近及远，逐渐消失于天际。

梵高在这幅画中主要用了红、绿、蓝、黄几种简单的色彩，但画作整体上并没有任何单调和死板的感觉，反倒是通过灵动活跃的笔触，营造出风吹麦浪的效果。蓝色的天空和黄色的麦田，红色的小路和绿色的道旁草，在这两组对比色形成的视觉冲击中，画面更具穿透力。

画面中的三条道路呈现在眼前，恰如梵高烦乱的心境。莎士比亚有句名言："To be or not to be, that's the question!"（生存还是毁灭，这是个问题）梵高也面临同样艰难的选择，但他心中已经有了答案。

这幅作品中充满着骚动和不安，一条绿色的小路从黄色麦田中延伸向远方，预示着梵高对人生、对挚爱的坚定信念和执着，但这种坚定中又充斥着不安和不确定性，虽然他能够坚定地往前走，但前方是怎样一番景象，他却不得而知。

这幅酷似无言的绝笔，简略地描绘出了梵高一生的境遇和真实感受。在三十七岁时，梵高已在自己热爱的绘画事业上勤勤恳恳地耕耘了十年。这个时期，可以说梵高已达到了个人艺术创作的成熟期，他自己也收获了不少成熟作品，正如这满眼黄澄澄的麦田，等待着主人收割。

梵高的一生有太多的磨难和不幸，可谁的人生始终是顺遂的呢？漫天的群鸦黑压压地袭来，压过他的头顶，掠过他的身旁，沉重的压迫感始终压得他喘不过气。

梵高在这幅作品中流露出浓重的"悲伤"和"孤独"，因此这幅画也被看作梵高自杀的预言。

专门研究梵高的学者罗纳德·皮克万斯在《梵高在圣雷米和奥维尔》中指出，他认为梵高是在 7 月 7 日到 10 日完成《麦田上的群鸦》后的三个星期左右自杀的。

一直以来，学界对《麦田上的群鸦》是否为梵高的最后一幅作品存在很大争议。在 1890 年 7 月 10 日梵高写给弟弟提奥和弟媳乔安娜的信中，描绘了三幅画：

> 在恶劣的天空下，它们是广袤无垠的麦田，我不需要一味执着地试图表达极度的悲伤和过分的孤独。我希望你能尽早看到这些画，因为我希望尽快把它们带到巴黎，我认为这些画会告诉你我用文字无法表达的话，让你们看到这个田园中所洋溢的勃勃生机。第三幅作品是《杜比尼的花园》，这是我刚到这里就一直在思考的画。

扬·胡尔斯克尔是世界上研究梵高最知名的专家之一，他认为梵高在辞世前的一小段时间里，创作过四幅作品，没有更明确的证据表明《麦田上的群鸦》就是梵高的最后一部作品。不过，是不是也并不那么重要。重要的是，《麦田上的群鸦》反映了梵高当时的情绪和状态，是他想要结束生命的一个预示。

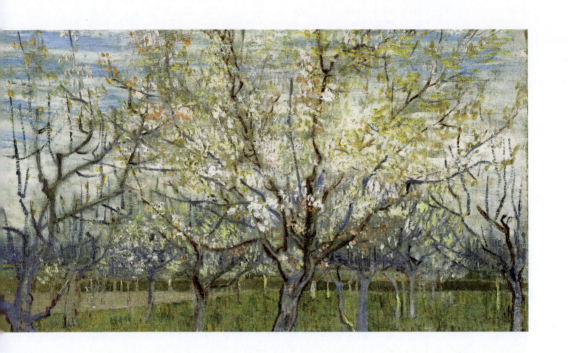

● 第 3 节 在弟弟的怀中死去

一口气画完《麦田上的群鸦》后，梵高整个人都颓废下来，仿佛灵魂也被抽走了一样。

终于在某一天，梵高一个人上了山。他在山上到底做了些什么，后人无从得知，但可以通过目击者的回忆来还原当时的场景。

当时，一个农民看到梵高坐在树上，嘴里反复说着："这不可能！这不可能！"

随后，梵高便走进那片惊起群鸦的麦田，拿着一把七毫米口径的勒福舍左轮手枪，对着自己的腹部扣动了扳机，梵高也应声倒下。几小时后，梵高跟跟跄跄地站起来，回到了拉乌客栈。老板娘拉乌太太看到梵高神情不对，衣服上也全是血，马上请来了加歇医生。

加歇医生给梵高检查完伤口，发现子弹打中了他的一根肋骨，打穿了他的胸膛，庆幸的是，其他脏器没有受到伤害。加歇医生马上为梵高进行了应急处理，而后又第一时间给梵高的弟弟提奥发去电报，焦急的提奥第二天就赶到了奥维尔。

这时的梵高身体极度虚弱，加歇医生已经不能为他进行手术，子弹也留在梵高体内无法取出。提奥一直守在哥哥身边，对于哥哥忍受的痛苦无能为力，他只能将哥哥拥在怀中，期望在哥哥身上能有奇迹发生。

老天并没有让梵高承受更多的痛苦，在他受枪伤的第三天，也就是1890年7月29日凌晨1点钟，梵高永远地离开了，永远地离开了这个让他热爱又纠结的世界。

在提奥的怀中，梵高留下了最后的遗言：

痛苦永存（法语原文：La tristesse durera toujours）。

梵高的临终遗言，精辟地概括出了他自己对人生的感悟。梵高对人生痛苦的理解不同于他人。可以说，他的一生充满坎坷，没有顺遂的时候。他几乎遍尝生活中的各种苦难，上苍通过这种方式为他传递了更丰富的灵感。

其实在1890年7月24日，梵高曾给弟弟写过一封信。他在信中说道：

我为自己的事业付出了所有，还为此搭上了一半理智。

估计没说出口的后半句应该是"另一半是癫痫和疯狂吧"。

梵高这封写给弟弟提奥的信并没有寄出，而是一直装在身上，直到去世后才被发现。这封信是梵高去世前五天写的，可能他的心里只有创作，寄信的事就被他忘得一干二净了。

对于梵高之死，还有一种观点。据说，当时梵高受枪伤后回到拉乌客栈，他自己找来了两名医生，但那两人都不是外科医生，因此梵高体内的子弹便无法取出，只是接受了一些简单的应急处理。而后，梵高便一个人待在屋里，身旁根本无人照顾。第二天，提奥来看哥哥时，梵高的精神状态还很不错，按时间推算，当时的梵高很可能只是临终前的回光返照。

料理完梵高的丧事，提奥回到了自己家中，但整日的悲恸让他无法自拔，长时间的糟糕情绪让他的精神几近崩溃。后来，提奥的妻子乔安娜把他送到了乌得勒支疗养院，那里是之前玛高特去过的地方。

1891 年 1 月 25 日，也就是在梵高去世半年后，提奥也离开了这个世界，被埋在了乌得勒支。1914 年，妻子乔安娜把提奥的遗体迁到了奥维尔，同他的哥哥梵高葬在了一起。

这是梵高的一幅饱受争议的"自画像"，有一项研究指出，梵高这幅"自画像"的"主人公"其实是他的弟弟提奥。专家给出了一些证据：梵高与弟弟提奥的体形十分相像，但两人之间也存在着一些差异。如提奥的耳朵更圆一些，脸颊棱角分明，梵高的腮部更圆润；提奥的胡子呈黄褐色，梵高的胡子为赭红色。根据这些不同之处来判断，这幅《戴黄草帽的自画像》画得更像是提奥。

因此，除去下面的侧面人物素描画，《戴黄草帽的自画像》是目前为止唯一一幅提奥的肖像画。

▶ 梵高 戴黄草帽的自画像（推测应该是提奥·梵高）

布面油画 19cm×14.1cm 1887 现藏于荷兰阿姆斯特丹梵高美术馆

▶ 梵高 男人的头像
粉笔、木炭、纸质 素描习作 34.9cm×25.8cm 1887 现藏于荷兰阿姆斯特丹梵高美术馆

专家猜测这幅《男人的头像》中的人物应该也是提奥。梵高为弟弟提奥画过几张素描作品，这应当是其中的一幅。这幅作品中的人物有着较圆的耳朵、黄褐色的胡子，这些都是提奥较明显的肖像特征。

梵高和提奥生前感情深厚，梵高在提奥的支持下，才能一直保持旺盛的创作力，最后更是在弟弟的怀中离去。兄弟两人直到死也没有分开，死后又葬在一处，他们生死不离，永远在一起，这份真挚的感情让人为之动容。

▼
加歇　自杀后的梵高
炭笔画　27.2cm×22.7cm　1890　现藏于荷兰阿姆斯特丹梵高美术馆

在梵高弥留之际，陪伴着他的除了弟弟提奥，还有加歇医生。加歇医生见证了梵高的离去，他通过画笔记录下了梵高离世的瞬间，让后世的人们能够瞻仰梵高的遗容。

作为一名业余绘画爱好者，加歇医生画过很多幅画，但这幅《自杀后的梵高》是其中最有名的一幅。并不是因为这幅作品画得有多好，而是因为这幅画的主人公是梵高。

梵高去世后，唐吉老爹、卢梭、埃米尔·伯纳德、奥里埃等人专程从巴黎赶来参加梵高的葬礼。葬礼并不那么隆重，但始终笼罩在一种悲恸的氛围中。

加歇医生把梵高的安息之地选在了奥维尔，这是一个对梵高有着特殊意义的地方——他们第一次来这里时曾站立在那里，从那里可以眺望瓦兹河旁青翠葱绿的山谷。

几天后，加歇医生又来到墓园，在梵高的墓周围种满了金黄色的向日葵花，让这些向日葵一直陪伴在梵高身边。

● 第 4 节 关于死因的几种传说

从一个独特的角度切入，我们可以把梵高看作一个预言家。

1883 年 8 月，梵高在写给弟弟提奥的一封信中，对自己的未来有过一个预言：

　　在接下来还有余力工作的时间里，我可以接受的事实是，我的身体还可以维持一段时间，如果一切顺利的话，大概是六年到十年，这个假设应该不草率吧。

　　从这封信开始算起，到 1890 年 7 月梵高去世，恰巧是七年时间。如果梵高真的是自杀而死，那就可以推断，梵高可能认为自己已经完成了一生的使命，多活无益。如果他的死如传言所说，是由于村里的一对兄弟失手对他开了枪，那梵高写下的预言就有点儿玄学的味道了。

　　关于梵高之死的大部分资料，基本都来自一个重要证人——艾德琳·拉乌，她是梵高最后所住旅馆老板的女儿，梵高为她画过下面一幅肖像。

▶ 梵高 艾德琳·拉乌肖像
布面油画 52cm×52cm 1890 现藏于美国克利夫兰艺术博物馆

梵高去世那年，艾德琳小姐只有十三岁。她在梵高去世六十年后，才把梵高中枪那天她所知的情况讲述出来，但人们并未完全相信她所公布的重要信息。毕竟这只是一份不知真假的回忆，况且离事发时已经过去几十年之久，但这也给研究梵高的专家留下了更多想象空间。

关于梵高之死，坊间有很多版本。

● 第一版：因精神病而死

梵高一生坎坷，不管是生活还是感情，他无时无刻不在饱尝疾病和情感的痛苦。他废寝忘食地画画，用画画代替吃饭和睡觉，最终导致身体垮掉了。梵高长期承受着癫痫和抑郁的痛苦，经常做噩梦，时不时就会产生幻觉，以致在阿尔期间，他亲手割掉了自己的耳朵，送给了一位妓女，接着就被全村人排挤、嫌弃。

1914 年，梵高的弟媳乔安娜整理出版了梵高和弟弟提奥往来通信中的一部分信件。她对梵高的印象是：受着弟弟无微不至的关怀，而不幸疾病缠身的艺术殉道者。

梵高精神和身体上糟糕的状况，让"因精神病自杀"的死因解释显得顺理成章。加歇医生也曾跟梵高说过，梵高被太阳晒得过于严重，以致染上了当地的"日射病"，再加上长期接触绘画颜料里的松节油，会让人体中毒。神智紊乱的梵高就很有可能做出一些意想不到的行为，包括自杀。

● 第二版：为钱而死

在最后十年的创作生涯中，梵高共画了八百六十四张油画，但只卖出去一幅。在这十年当中，弟弟提奥一直持续地负担着他的所有开销。可以说，没有弟弟提奥，就不会有我们今天看到的梵高。

也正因如此，梵高一直承受着巨大的心理负担，他想通过自己的不懈努力，尽早让自己的作品得到市场的认可，从而缓解提奥的压力。

但梵高直到死也没有实现财务自由。他曾伤感地说：

"我们生活在一个没有成功希望的时代。即使我期望的只是一个很小的数目，但只要画卖不掉，就不会换来一分钱。"

电影《至爱梵高》中，加歇医生讲述过梵高为提奥留下的遗言："不要悲伤，我只是为大家好。"

支持这种观点的人认为，梵高选择结束自己的生命，不只是为了让弟弟提奥得到解脱，也是为了让自己得到解脱。

● 第三版：为情而死

梵高这一辈子，在爱情方面极为不顺：不是直接被对方拒绝，就是遭到双方家庭的阻拦，要么就是爱上了一个不该爱的人。

在感情上屡遭打击后，加歇医生的女儿玛格丽特成了压垮梵高的最后一根稻草。1890 年，梵高搬到奥维尔，他在让加歇医生治病时，认识了医生家的女儿，两人因此而发展出了一种超越亲情、友情、爱情的第四种情感，但加歇医生反对他们两人进一步交往。

我们现在也无法得知玛格丽特是不是真的爱过梵高，但她的一位女性朋友说她很爱画家确有其事。加歇医生的小儿子曾说过，他的姐姐很怕那个只有一只耳朵的画家，梵高最终开枪自杀也是因为遭到了姐姐的拒绝。

一直以来，梵高对亲情和爱情的渴望始终深埋在他内心深处。1890 年 7 月 10 日，梵高在给弟弟提奥的信中说：

> 我相信，抚养一个孩子要好过把全部精力都放到画画上，但我又能怎样呢？我太老了，无法回溯曾经走过的路或是对一些新事物产生渴望。这种渴望正渐渐离我而去，而道德上的痛苦还在。

长期得不到温情而又饱受病痛折磨，让梵高对人生彻底绝望了。

● 第四版：为高更而死

梵高自从结识了高更，就对他极为崇拜，被他身上散发出的艺术气质和领导风范所吸引。梵高对高更的感情很复杂，有尊敬，有羡慕，有嫉妒，可能还有一点儿迷恋。

曾有人猜测他们两人是同性恋，或者至少梵高对高更有一种特殊的感情。当两人真正住在一起时，关系却变得十分紧张，各种小事都可能引发激烈争吵。通常这种时刻的梵高总能表现得更宽容，主动同高更和解，我们从中也能感受到梵高与高更间微妙的感情。

传言，有一次高更为了激怒梵高，买通一名妓女当众侮辱、贬低梵高。义愤填膺的梵高跟高更闹了个天翻地覆，怒气难平的梵高随手拿起一把剃刀，割下了自己的耳朵，这一举动把高更吓得不轻。

经过这场风波后，两人直接闹掰，彼此断绝了一切往来。受这件事的影响，梵高的身体和精神每况愈下。最终，抑郁绝望的梵高选择结束自己的生命。

● 第五版：他杀

2011年出版的一本《梵高传》，作者是普利策奖得主史蒂文·奈菲和格雷戈里·怀特·史密斯。这两位作者，连同二十余位研究梵高的专家，几乎搜集了所有跟梵高有关的文献资料，提出了一个惊人的发现——梵高是遭人枪杀的。很有可能是梵高知道这件事后，为了保护开枪打伤他的两个熊孩子，而故意说是自己自杀的。

这本《梵高传》给出的梵高包庇孩子而自杀的理由很充分："文森特（梵高）离开拉乌旅馆时所带的那些绘画工具——画架、画布、颜料、画笔、素描本，最后这些东西一件都没有找到。枪击发生的地点始终没有进行确认。没有对梵高进行过尸检，体内的子弹没有被取出，没有任何目击证人……枪击是在梵高的腹部，而不是在头部。并且，子弹以一种诡异的角度射进梵高体内——而自杀者所中子弹通常是直接射进的。此外，子弹很明显是从距离文森特'很远的'地方射出的，远到他（梵高）自己根本不可能去扣动扳机。"

如果梵高是自杀的话，案发现场不可能找不到他画画的工具。不管梵高是被人故意杀害，还是过失杀害，这都是一宗刑事案件。警察一旦立案，一定会对案发现场进行详细调查，也会对梵高进行尸检，子弹也会被取出，进而会查出作案手枪的型号，推测出射击的弹道和射程。如果梵高是自杀，警察就不会立案，也就不会对那些细节进行调查。

如果一个人想自杀，通常都是头部中枪，而不是腹部，这是为了让自己少受痛苦。梵高的中弹部位在腹部，这就存在很大疑点。如果"子弹是从距梵高较远的地方射来"是事实的话，那就能排除梵高是自杀。

对于梵高自杀原因的这几种推测，你更倾向哪个版本呢？其实，综合来看，是不是还存在这样一种解释：长久以来，梵高经历了太多的坎坷和不幸——工作的不顺、爱情的无果、高更的背弃、经济的重压、身体和精神上病痛的折磨，作品也得不到认可。梵高原本就有轻生的念头，恰巧这时，一对熊孩子用枪误射中他，他索性就说成是自杀，这样还能保全两个孩子的未来。

如果真是如此，我们再来看梵高当时在警方那里留下的那句话："不要指控任何人，是我自己想要自杀的。"也许这样一来，就能更好地理解梵高的内心世界了。

见此图标▦微信扫码 🍇 对话AI梵高 重温他的艺术人生

末笔

第七章

扫码了解

·AI 梵 高
·人物传记
·艺术史赏析
·画作共创

● 第 1 节 重温艺术人生的自画像

他走入人群，

人群离他而去，

我看着他的眼睛，

读着金黄色的诗句……

在艺术史上，梵高是一个特殊的存在。在他多种题材的绘画作品中，自画像是极为瞩目的一类。在 1885 年到 1889 年这短暂的四年间，梵高创作了四十三幅自画像，这也是他生命中最后几年的自我审视。当你与自画像中多变而丰富的眼神进行对视时，就能更深入地感受孤僻、传奇、怪诞、愤怒、疯狂、忧郁、质疑、亲和与坚定这些品质是如何聚集在一个人身上的。

梵高绘画的一生，都是在"作我所感，感我所作"中进行创作。他告诉所有关心他、喜爱他、追逐他的人们："我就在我的画里。"

1888 年 9 月 3 日，梵高在给弟弟提奥的信中写道：

> 如果一个人在生理上没有足够的这种创造力，这个人就会去努力创造思想，而非孩子，但即便这样，他仍是人类的一部分。

> 在一幅画里我想表达一些让人温暖的东西，像音乐一样。我想画出带着某种永恒感的男男女女。

当然这也包括他自己，他把自己画出来。直到现在，人们痴迷于他不同情绪、不同特点的肖像，他在人们印象中多变的形象正在成为永恒的印记。

1888 年 9 月 17 日，梵高在给提奥的信中写道：

> 我买了一面质量不错的镜子，用来画自画像。我需要模特，如果我可以把自己的头像色彩处理好——这不是毫无困难可言的——我就可以把其他人的头像画好，不论男女。

梵高没有多余的钱雇用模特儿，只能自己当模特儿，为自己画肖像。

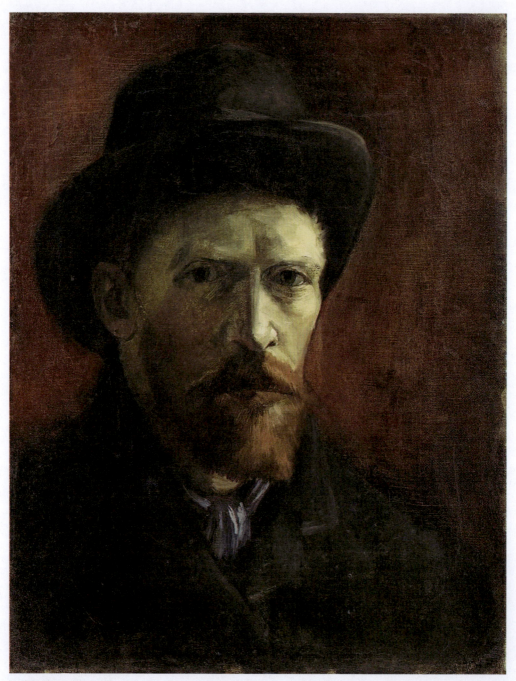

▶ 梵高　戴黑毡帽的自画像
布面油画　41.5cm×32.5cm　1886　现藏于荷兰阿姆斯特丹梵高美术馆

1886 年 6 月，弟弟提奥在给母亲的信中写道：

　　我们在新公寓一切都好，估计你现在很难认出梵高了，在他身上发
生的变化让我们每个人都大吃一惊。他做了一次重要的口腔手术，长期
的胃病几乎让他丢掉了所有牙齿，医生说他现在恢复了很多。

上帝往往会刁难天赋异禀之人，顺遂的人生将冲淡其满溢的才华。经过这次
病痛的折磨，梵高决定蓄起胡子，好隐藏脸部的凹陷与瘦削。从自画像微锁的眉
头和迟滞的目光中，我们能看到他的阴郁和复杂，似乎要把一些东西也一并锁到
心里。

▶ 梵高 戴灰毡帽的自画像

布面油画 44.5cm×37.2cm 1887 现藏于荷兰阿姆斯特丹梵高美术馆

画这幅画时，梵高正在巴黎，这是他尝试印象派画法最大胆的一次实验。这幅画整体不同寻常的效果能一下子惊掉你的下巴。它带给你的第一感觉，怎么说呢，你可能很纳闷：为什么梵高非要把自己画成"一只满脸长毛的熊"？

事实并不是我们所看到的。在整幅画中，梵高用短促的笔法来刻画自己，评论家管这种画法叫作"梵高的磁场画法"。根据这一叫法，再来看这幅自画像，鼻子就像一块磁铁，脑门、脸颊、嘴部、胡子等部位的"铁屑"都被"磁铁鼻子"所吸引，就连距离较远处帽子上的"铁屑"也都指向鼻子。因此，梵高那略带鹰钩的鼻子就成了"众矢之的"，显得魅力十足。

但这并不算什么，梵高在这幅画中用了一种很重要的"互补色彩技法"，就是把三原色红黄蓝中的任意两种色彩先进行混合，再将这种混合色画在剩下的那种原色的旁边。比如，把绿色（由黄色和蓝色混合而成）画在红色旁边，梵高就是用了红色和绿色两种颜色来画自己的脸。大多数画家都很难想象这样的用色方式，但梵高的这张"自画脸"并没有让你感觉多么的怪异，只是"毛发"浓密了一些而已。

如果我们只注意到这些，那么对这幅作品的理解还不够完全，再看这幅自画像的背景，你还能发现一件有趣而神奇的事情。背景用了蓝色的底色，画出了层层叠叠的光环，再细看的话，还能发现橙色的小短点。

这种效果是不是让你想到了耶稣？没错，这幅画营造出来的就是一种接近宗教的神秘感，梵高让自己成为神秘的中心，挑战曾经让他失望过的神的地位。

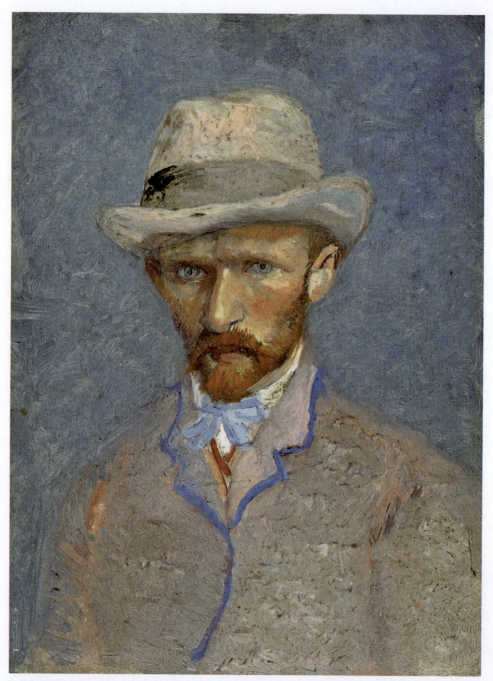

▶ 梵高 戴灰毡帽的自画像

纸板油画 19cm×14cm 1887 现藏于荷兰阿姆斯特丹梵高美术馆

巴黎浓厚的艺术氛围让梵高眼界大开，他第一次接触到印象主义，对其他绘画技术的好奇与尝试，让他的绘画风格也因此发生了巨大转变。先前黑暗的色调，转向明亮与鲜艳，他的心情也跟着好起来。

我们从这幅自画像中似乎也能感受到梵高的年轻和自信。巴黎大都会的环境让他的穿着变得更时尚，眼神中充满对未来的渴望，与背景同频的浅蓝色眼睛，充满了幻想与期待。

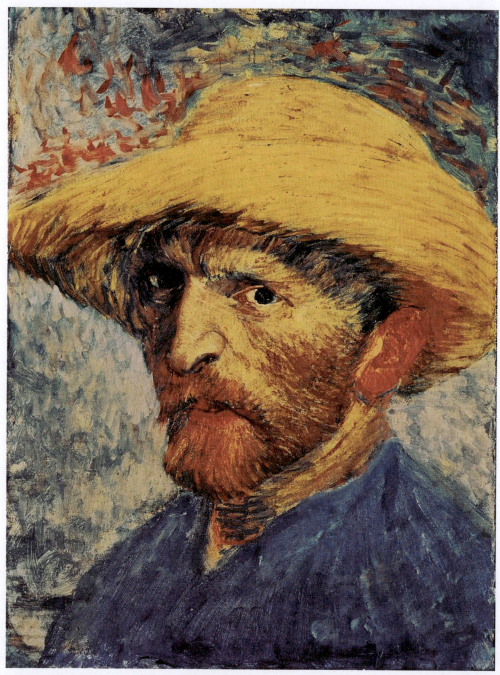

▶ 梵高 戴草帽的自画像
嵌板布面油画 34.9cm×26.7cm 1887 现藏于美国底特律艺术协会

　　这幅作品有一处很有趣：当你仔细凝视他的嘴部，再配合整个面部表情，就能感觉到梵高似乎有一些话想说。此时的梵高，没有了之前大都市的时尚打扮，一顶黄草帽、蓝色无领工匠服透露出一种满足与惬意，他享受着自己现在的状态。可以说，他向往乡村田野的生活，也可以说他大丈夫能屈能伸。如果他没有投身绘画事业，现在他很可能是一个播种或收获向日葵的纯朴农民。

　　再与之前的自画像进行简单对比后，不难发现，都市时尚风打扮与阴郁低沉相伴，而农村乡野风有明媚温暖与之相随。空间的转变、时间的变换，使梵高的情绪和心态也在跟着发生变化。

▶ 梵高 自画像

布面油画 65.5cm×50.5cm 1888 现藏于荷兰阿姆斯特丹梵高美术馆

　　这是梵高离开巴黎去往阿尔之前画的最后一幅自画像，算是自己对此次巴黎之行的总体感受和总结吧。在这幅作品中，梵高用松散的笔法和鲜艳的色彩，把自己塑造成一位真正的画家，一位卓有成就老到的现代艺术家。这时的他对于色彩的使用更加大胆，调色板上能明显地看出几对互补色——黄色与紫色、红色与绿色、蓝色与橙色，这几对对比色也正是梵高创作这幅作品时所使用的颜色。

　　梵高给自己最小的妹妹威廉敏娜的信中这样描述自己：

　　　　粉红带灰的脸，绿色的眼睛，浅灰色的头发，额头和嘴角上长了皱纹，表情呆滞而木讷，红色胡须并不整洁，面带悲伤……你会说这看起来有点儿——比方说，像是死人的面孔……

　　这"绿色的眼睛"看起来接近黑色，果真有死人或僵尸的感觉。他的眼睛似乎紧盯着画布，但又好似看着画布外的某个位置，迷离而无神，着实让人看不透他到底看到了什么预示死亡的东西，还是传递着什么内心的情感。

　　不过，梵高在巴黎的这段时间，他先前深沉灰暗的画风变得明亮起来。他从同行身上获得了灵感，他在不断地尝试和突破中，找到了适合自己的风格、色彩和技巧。

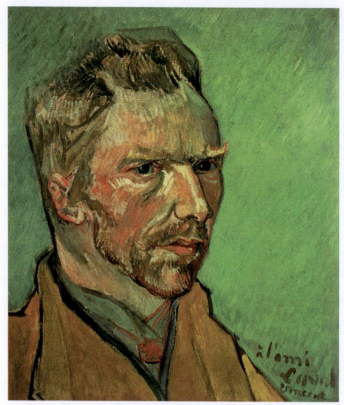

梵高　自画像
布面油画　46cm×39cm　1888　私人收藏

在阿尔黄色的季节里，梵高开始了与高更亲密而又疏离的交往。

1888 年 9 月，他在写给高更的信中有一段这样的话：

　　我为自己画了一张肖像，灰色调。灰白色是孔雀石绿与橙色相混合的
结果，浅孔雀石的背景与我红棕色的衣服很协调。但是，我也夸大了我的
个性，想画出一个和尚崇拜永恒佛陀的性格。我应该从所谓的文明的破坏
性影响中恢复过来，以便用更好的方式来画好我想要的画。

　　梵高在向高更表明自己的个性，并期待着他的光临，憧憬着马上到来的绘画
艺术的交流。遗憾的是，来到阿尔的高更并没有对梵高的作品产生足够的兴趣，
其间两人混乱而弱不禁风的感情，最终导致了高更决绝地离开。而这次诀别，直
接引发了艺术史上最著名的事件……

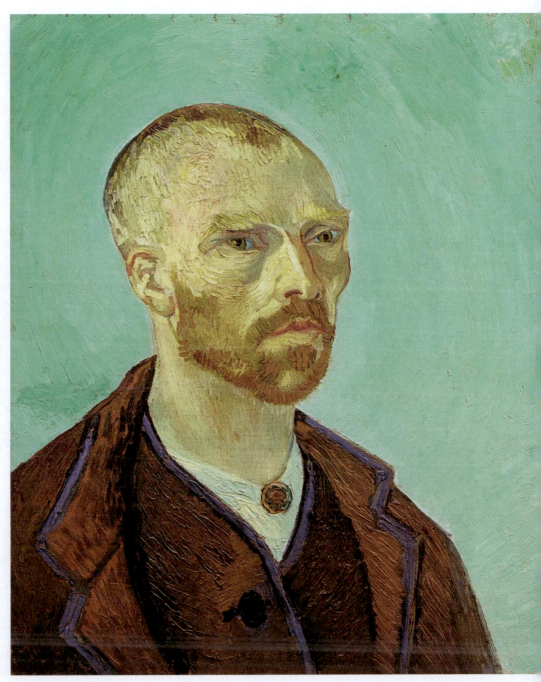

▶ 梵高 献给高更的自画像
布面油画 62cm×52cm 1888 现藏于美国哈佛大学福格艺术博物馆

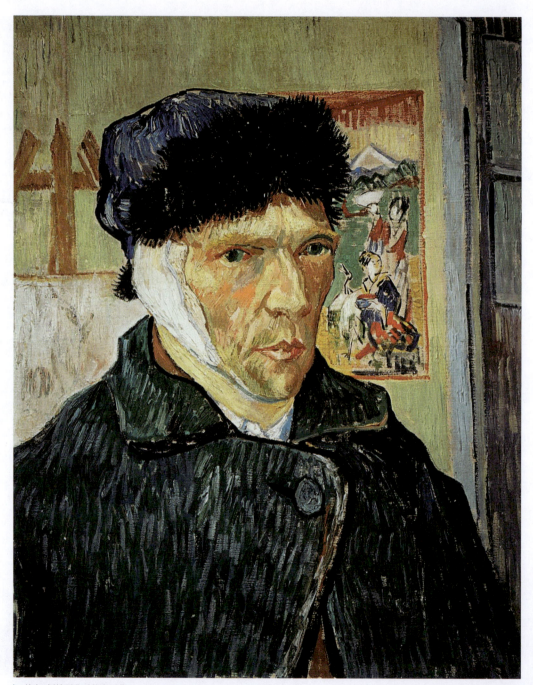

▶ 梵高　割掉耳朵后的自画像

　布面油画　60cm×49cm　1889　现藏于英国伦敦考陶尔德艺术学院画廊

　　1888 年 12 月 23 日，受高更背信弃义打击的梵高，毅然割下了自己的左耳。这一震惊世人的"疯子"行为，让梵高也永久地贴上了"疯子"的标签。由此，这幅独一无二的自画像也成为他具有代表性的作品之一。

　　在这幅作品中，尽管梵高头上缠着绷带，精神发生了错乱，面容消瘦而憔悴，但他的目光依然平静，只是夹杂了一些忧郁和感伤。但隐藏在这种平静目光之下的他如何也想不通：为什么亲爱的高更要离我而去……

　　这双透着绿光的眼睛中似乎有着某种魔力，当你想要探究他的情绪、思想、疯狂行为的缘由时，就会身不由己地被这种黑洞般的魔力所吸引，无法自拔。

▶ 梵高 自画像
布面油画 57cm×43.5cm 1889 圣雷米 现藏于华盛顿国立艺术画廊

　　与上一幅自画像形成鲜明对比的是，这幅色彩明亮、洋溢着抱负与渴望的自画像传说是梵高病情好转之后所创作的作品。大胆而大篇幅的蓝色烘托着一种旺盛的创作欲，同时也象征着一种理想与自信。稍稍好转的身体状况让他重新拿起画笔，描绘目力所及的远方与理想。紧闭的双唇、挺拔的鼻梁、坚定而深邃的目光、明亮的印堂让他重回青春年少、意气风发。

▶ 梵高　自画像
布面油画　51cm×45cm　1889　现藏于挪威奥斯陆国立艺术馆

　　1889 年，住进圣雷米精神病院的梵高，依然时不时地发病。但对艺术和生活的渴望并没有让他就此消沉低迷。相反，在这一时期，他却以惊为天人的毅力，创作了大量人们所熟知的作品，甚至在两周时间内就完成了六幅影响后世的大作。

　　就像我们与一个人会面时一样，最先注意到的通常都是眼睛。通过眼睛，我们能看到一个人丰富的内心世界，能了解这个人的情绪和状态。

　　这幅自画像中的眼神不同以往，透露着一丝呆滞和疲惫。侧身斜望的姿态，似乎在试探和逃避着什么，是逃避自己糟糕的精神状态，还是逃避沉闷的世界，世人不得而知。作品中暗淡的色调完美地配合了此时梵高的情绪与精神状态。

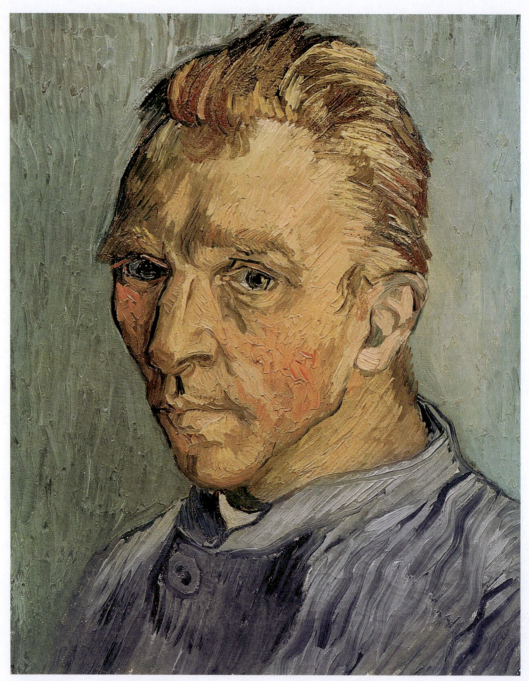

▶ 梵高 自画像
布面油画　40cm×31cm　1889　瑞士私人收藏

1998 年，梵高的这幅自画像拍出了七千一百五十万美元的高价，这也成为当时历史上最昂贵的一幅自画像。

这幅自画像创作于 1889 年，这时的梵高无需再借助胡子掩盖憔悴。这幅自画像是送给母亲的生日礼物，梵高尽可能地让自画像中的自己显得更年轻、更精神一些。他不仅剃掉了胡子，还有意识地展示自己的右脸，巧妙地掩护了不完整的左耳，如同一个漂泊在外的孩子总想要给父母展示自己如意的一面。

整幅作品以蓝色为基调，不同层次的蓝色配以硬朗的线条，表现出梵高多种微妙的表情。

经历了无数风浪的梵高不需要再向人们隐藏什么东西。他表现出更多的自信，能够坦然面对发生的一切，但他内心的忧郁却无法掩盖。

重温梵高所有的自画像作品，不难感受他敏感而脆弱的内心。他眼中噙有至爱生活的泪水，他对艺术的渴求、对美的不懈探索、对生命的无限追求都汇聚在这最后的凝视中。

对着梵高这些自画像看得越久，你就越会感到时光漫长，岁月在你耳旁呼啸而过，吹起无限惆怅……

第2节 漫长而短暂的金黄色十年

　　我们可以设想一下：十年时间，可以做成一件什么事？人的一辈子有几个十年，我们又能做成一件什么事、能给后人留下些什么？每天的工作和生活，是我们内心想要的吗？我们大部分时间是不是做着重复且无聊的事情？

　　梵高只用了短暂而热烈的十年，就创作出了两千零五十一幅作品。如此之高的创作量及其个人影响力，在绘画史上并不多见。

　　梵高的一生，都在燃烧中度过，他没有浪费自己的任何一丝光亮。在他身上，我们会惊奇地发现，做成一件事跟天分、知识和技巧没有多大关系，其主要依赖的只是这个人的内心、情感、热情以及对人生和生命的自发感悟。

　　梵高做任何事都遵从自己的内心，毫不掩饰自己的无知和丑陋。他的一生都在与现实生活对抗，根本不考虑现实生活对他的影响。创作期间，绘画之外的事，都可以被他完全抛诸脑后，包括吃饭和睡觉。他可以不吃任何东西，仅靠淡水充饥。与绘画相比，这些对梵高而言都已不重要，他用手中的颜料，就可以喂饱自己的精神与灵魂。

　　每个画家都有自己的创作风格，有的画家需要用一团火来烘烤自己；有的画家自己心里就有一团火，并能将这团心火涂到画布上。梵高不同于其他画家，他自己就是一团火，这团火燃烧着他看到和感受到的一切，包括画作、情感、健康甚至是生命。

　　梵高的情感世界细腻而丰富，比如他曾同妓女结婚一起生活过。他精心抚养的孩子并不是他自己的，他享受过"姐弟恋"的甜蜜……但不管在哪段感情中，梵高都如同阿尔炽烈的太阳，为对方彻底燃烧着，释放着自己的光和热。

　　在梵高的笔下，博里纳日的矿工、纽恩南的织工、阿尔的太阳和向日葵、奥维尔的麦田和群鸦，都因他而获得了永生。在梵高的画布上，吃土豆的一家人、唐吉老爹、邮差鲁林一家人、加歇医生，如今都成了万众瞩目的名人。假若没有梵高，他们可能早已消失在浩渺的历史洪流中。

　　梵高喜欢把身边和蔼可亲的人都画下来，一是为了留下美好的回忆；二是他当时实在没钱雇模特儿，只能"就地取材"。当然，出镜最多的模特儿还是他自己——他画了三十八幅自画像。这样一来，就让我们见到了与他相关的很多人物样貌，再加上他的作品中画了大量身边环境，以至后来人们在制作关于梵高的电影时，其中的人物形象和环境布置，都不用导演再去劳神费力地设定。

1956 年的《梵高传》、1987 年的《梵高的生与死》、1990 年的《梵高与提奥》、1991 年的《梵高传》、2017 年的《至爱梵高·星空之谜》，这些影片，都没有辜负梵高留下的宝贵"影像信息"。

梵高用画笔记录下大自然和世间万物的生命触动，梵高就是其中的信使和生命力的创造者。本书便是将梵高记录下的这些生命感动，以文字和画作的形式呈现给喜欢或痴迷梵高的各位读者。这本书所展示的都是与作品相关的纸张、文字以及画作中的线条和色彩，这些都是梵高世界的一部分，同时也是他生命的全部。

可以说，梵高的一生都与他笔下的画不可分割。许多人把梵高看作画作的另一种形式，或是颜料的另一种形式，他把对自然、艺术、生命、热爱的诠释，都涂在了画布上。我们也可以这样理解——他的画作就是他自己生命的另一种存在形式。在他的每幅作品中，你都能感受到他精神的存在。

土地与身体，可以是同一事物的两种不同表现形式，二者都必须经过耕耘才能产生活力。梵高与绘画，也可以看作同一事物的两种呈现方式，二者都有着旺盛的生命力，他们都是历经耕耘后留下的永恒印迹。

每当沉浸在创作中时，梵高与自己的作品就形成了一个独立的小世界，没有人能进入这个世界，也没有人能真正理解这个世界。当然，更没有人能打扰到他。长时间的创作，让梵高逐渐意识到，自己有一种能力，一种能从正在逝去的事物中挖掘那些不会消逝的东西的能力。终将逝去的事物不用惋惜，而永不消逝的则需倍加珍视。

梵高在创作中领悟到，遭遇痛苦时，不应一直抱怨；而欢乐来临时，则应酣畅淋漓。他很清楚地知道，他所经历的一切都是他自己的选择。他见到的人、看到的事物，都与他自己的心境、喜好、情绪和追求有着难以割舍的缘分。现实就是如此，因此也就不必自怨自艾。

梵高对每一种色彩的运用、每一笔线条的勾画，都投入了自己最大的热情，正是如此沉浸地创作，他的作品才具有了最旺盛的生命力。

梵高，是一个可以点燃无数人的名字。当你对他了解得越多，就越容易被他身上的东西所感染。苦难仿若梵高的天命伴侣，他只允许自己与之接近。苦难造就了他，同时也将他摧毁。对梵高来说，这十年的时间可能是漫长的，他经历了太多困苦，他所走的每一步都异常艰难。他过着充实的一生，但没享受过富足的生活。

此生，不管你已经经历了几个十年，都可以大胆地从现在开始，从零开始。有梵高旋转而灿烂的星月的照耀，有什么理由去否定十年的一事无成？一个人可以没有顺遂的人生，可以没有优渥的物质条件，可以食不果腹，可以孤寂一生，但无论如何都不能没有梦想、没有所热爱的事业。人的一生总要被点燃，哪怕只有一次，总要尝试着给这个世界留下点什么，才无愧在这世上走一遭。

如今人们知道的梵高的故事，大部分都来自梵高的书信。当然，他同弟弟提奥的书信往来最多。

在给弟弟的信中，梵高用速写代替拍照，告诉弟弟自己一直在进步。设想一下，今天的我们，如果给朋友发信息时，配上的不是照片，而是自己亲手画的速写画或是简笔画，朋友看到时，会有什么样的感受？如果文字信息也用手写代替的话，对方是否更能从中感受你所表达的情感？

梵高一生都在寻找自信和自我价值，想证明自己，最终他也做到了。

以梵高为代表的后印象派画家，对后世的野兽派和表现派产生了极大的影响。

梵高去世后，弟弟提奥开始策划关于梵高的画展，但没过几个月，提奥的精神出了问题，住进了医院。

提奥唯一的儿子，有着同梵高一样的名字——文森特·威廉·梵高。这个孩子后来成了一名工程师，在他的筹备设计下，荷兰阿姆斯特丹梵高美术馆顺利建成，梵高的很多作品都珍藏于此。

本书记录了梵高在人生最后如流火般的十年中，主要的艺术创作过程及相关的背景故事。笔者也愿像梵高一样，满怀热忱、竭尽所能，让这本书的每个字都具有鲜活的生命力。

见此图标回微信扫码 对话AI梵高 重温他的艺术人生